놓치면 평생 후회하는
지식산업센터 3대 대장
문정·성수·영등포

놓치면 평생 후회하는
지식산업센터 3대 대장
문정·성수·영등포

2022년 4월 5일 초판 1쇄 발행
지은이   윤영현
책임편집 오혜교
디자인   바이브온
펴낸곳   청춘미디어
출판신고 2014년 7월 24일 제2014-2호
주소   경기도 이천시 애련정로 103번길 28,304호(창전동)
전화   02-801-8890
이메일   Stevenjangs@gmail.com

ISBN 979-11-87654-95-7

놓치면 평생 후회하는

지식산업센터 3대 대장

문정·성수·영등포

윤영현 지음

아투연

지식산업센터계의 강남 3구가 있다.

부동산 투자에는 '핵심 지역'이라는 게 있습니다. 바로 서울의 강남 3구(서초구, 송파구, 강남구)가 핵심 지역입니다. 지식산업센터 분야에도 강남3구에 해당하는 지역이 바로 문정, 성수, 영등포입니다.

강남 3구는 왜 부동산 불패 신화를 이어갈까요? 강남은 교통, 일자리, 각종 생활 편의시설 등 인프라가 뛰어나 누구나 살고 싶은 지역입니다. 마찬가지로 문정, 성수, 영등포 지식산업센터도 서울 중심에 위치해 있어서 교통이 좋고 풍부한 주변 인프라와 편의시설 등이 집약되어 있죠. 업무 편의성이 높아 누구나 근무하고 싶은 입지로 계속해서 발전하고 있습니다.

또한 문정, 성수, 영등포 지식산업센터는 IT 계열 회사나, 게임 회사들이 많이 입주해 있죠. 이 점은 매우 중요한 포인트입니다.

최근 IT회사나 게임회사들이 사무실 구하기가 어렵고 기업들이 포화 상태에 있는 판교를 떠나 교통이 편리하고 편의시설이 많은 문정동, 성수동, 구로, 가산 등으로 사옥을 많이 옮기고 있기 때문입니다.

특히 스타트업 대표들의 큰 고민은 인재 영입이죠.

그런 면에서 문정, 성수, 영등포 지식산업센터는 서울 중심부에 위치해 있어서 도심과 외곽 모두에서 접근성이 뛰어난데다, 풍부한 주변 인프라와 교통시설 등으로 업무 편의성도 높아서 직원 구하기가 훨씬 쉽습니다. 그래서 경기도 외곽으로 나갔다가 다시 서울 핵심 지역으로 리턴하는 기업들이 많습니다.

이쯤에서 투자의 명언을 되새겨봅니다. 제가 지키는 투자의 3대 핵심 포인트는 가치 투자, 역발상 투자, 유연한 자세를 갖는 것입니다. 이것은 제 말이 아니라 투자업계의 대가인 존 템플턴의 투자철학입니다. 금세기 최고의 주식투자자로 인정받았던 그의 투자 철학이 바로 가치 투자, 역발상 투자, 유연한 자세를 갖춘 투자였으니까요.

투자 업계에서 역사는 반복됩니다.

2022년 들어 지식산업센터 투자에 관심 갖는 분들이 많습니다. 하지만 지금 시기는 무엇보다 옥석을 가리는 가치 투자가 필요한 시기이기도 합니다. 투자 시장에서는 다른 사람이 욕심을 부릴 때 매우 신중해야 합니다. 제가 생각하는 가치투자는 '가치가 곧 가격을 결정한다고 믿고 실행하며 기다리는 것'입니다.

요즘 메타버스를 부동산에 접목시키는 사례가 주목받고 있습니다. 투자의 영역에서 가상과 현실의 경계가 점차 무뎌지는 느낌입니다. 하지만 이럴 때에 저는 역발상으로 부동산 시장을 봅니다. 가상공간이 아닌, 실제 공간에 더욱 관심을 가지고 있고 투자에 집중하는 것이죠.

생각해보면 돈이나 주식, 채권, 메타버스 등은 계속 만들어낼 수 있는 무한 자원입니다. 그리고 자원이 무한정 공급된다면 가격은 떨어지게 되어 있습니다. 그렇다면 유한한 자원은 무엇일지 생각해봅시다. 서울 핵심부의 땅(부동산)은 매우 유한한 자원이 틀림없습니다.

부동산은 희소성이다

많은 분들이 부동산 투자를 할 때 실수하는 점이 있습니다. 과거 시세에 집착해서 미래를 보지 못하는 우를 범한다는 것이죠. 과거에 얼마였다는 건 큰 의미가 없습니다. 최대한 유연한 자세를 갖고 시장에 접근할 필요가 있습니다.

부동산은 희소성이 중요한 자산입니다. 돈은 잃었다가도 다시 벌 수도 있지만, 희소성 있는 자산은 한 번 팔면 다시 구하기가 쉽지 않습니다. 그렇기 때문에 저는 부동산을 자주 사고 파는 것은 지양해야 한다고 생각합니다.

그런 점에서 제가 이 책에서 짚어드리는 문정, 성수, 영등포의 지식산업센터는 서울 안에서도 희소성 있는 부동산이 될 것입니다. 물리적으로 공급을 확대하기 어렵고 수요층은 계속 증가하는 입지이기 때문이죠. 이 지역은 내가 팔고자 하는 시기에 원하는 가격을 충분히 받고 팔 수 있는 환금성이 좋은 입지입니다.

이 책의 집필을 마친 2022년 2월 현재에도 코로나19는 끝날 조짐이 안 보입니다. 코로나19의 장기화, 그리고 금리 인상 기조, 대내외 경제 여건의 불확실성 등 변수가 많은 시국입니다.
그러나 이럴 때일수록 인내가 필요합니다. 성공한 사람들 중에는 리스크를 감수하고 먼저 실행에 옮기고 꾸준한 인내를 가진 사람들이 많습니다.

주식과 부동산으로 진짜 부자가 된 사람들이 하나같이 말하는 비결은 바로 '인내'입니다.

이 책을 통해 가치 투자, 역발상 투자, 유연한 자세가 한 단계 더 업그레이드되어, 어느 영역이건 성공적인 투자를 계속 이어가시기를 바랍니다.

2020년 저의 첫 번째 책 이후에도 지식산업센터 관련 책들이 많이 출간되었습니다. 지식산업센터는 빠르게 움직이기 때문에 6개월, 1년 전 자료는 단순 참고만 하시는 게 좋습니다. 이 때문에 저 역시 이 책에 가급적 최신 자료를 담으려고 노력했습니다.

기존의 지식산업센터 강의에서 다룬 내용이나 기존에 출판된 책 내용과 중복되는 부분은 빼고 최근 트렌드와 현장 사례들에 최대한 집중해서 집필했습니다.

이 책이 나오기까지 정말 많은 사람이 도움을 주셨네요.

아투연(아파트형공장투자연구소) 장광호 대표님 이하 운영진들, 아투연 회원들, 젠틀한 외모와 예리한 분석을 갖춘 임원재 회계사님, 위트와 실력까지 갖춘 법무법인 선경 박시형 변호사님, 친 누나 같은 BBDO KOREA 이경희 전무님, 재무 설계 전문가이신 신한금융 신한라이프의 한이락 지점장님, 심혈을 기울여 책 표지 디자인을 완성해 주신 출판사, 지식산업센터계의 숨은 고수이며 국내 1등 유튜브 마케팅 회사의 대표이신 (주)공감엠엔씨 윤보한 대표님, 성수동 지식산업센터계의 독보적인 일인자이시고 항상 많은 도움을 주신 성수랜드부동산의 김향숙 대표님, 이강희 대표님, 황원준 부장님, 오연정 실장님, 영등포 친절한 부동산의 민정원 대표님, 영등포 지산 전문가이신 생각공장부동산의 정우송 대표님, 그리고 이 책이 나오기까지 가장 많은 도움을 준 최유리 공인중개사님께 감사합니다.

마지막으로 사랑하는 아내와 아들에게 감사의 마음을 전합니다.

2022년 2월
성수동 사무실에서

이경희 전무(Omnicom Media Group)

윤영현 대표를 오랫동안 친동생처럼 봐왔다.

절대 돈을 잃지 마라! 워렌버핏의 투자원칙을 윤대표 자신의 투자원칙으로 삼았다. 서울 핵심지역에서 그는 저위험과 고수익을 모두 잡았다. 궁금하다면 책을 통해 그의 머리 속을 들여다볼 수 있는 기회다.

부동산 프롭테크를 기반으로 한 사회적기업 도전 또한 정말 기대가 크며, 앞으로도 윤대표의 도전을 진심으로 응원한다.

아투연 장광호 대표

지식산업센터의 초창기 터푸가이 윤영현 작가님을 처음 뵈었을 때 지식산업센터와 사랑에 빠진 눈빛이었습니다. 그 눈빛을 보면서 저 또한 지식산업센터에 대한 확신을 가질 수 있었고 이에 대출, 임차, 새로운 물건의 발굴까지 함께 <아투연 : 아파트형 공장투자연구소>를 이끌어 올 수 있었습니다.

남성다운 외모이지만 한번 만나면 끝까지 도움을 주려는 책임감 있는 마음 때문에 많은 팬들이 있는 윤영현 작가님의 책이 많은 실입주자, 투자자 분들에게 그대로 전달이 되면 좋겠습니다.

윤보한 대표 (주)공감엠엔씨

성수에 사무실을 얻고 어언 4년이 된 지금… 어느새 본업과 지산 투자를 병행하는 일이 저의 유일한 낙이 되었습니다. 이런 즐거움과 깨달음을 주신 윤영현 대표님의 두번째 서적 출간을 진심으로 축하 드립니다.

임원재 회계사(공인회계사)

윤영현 대표의 강의를 처음 들었을 때가 기억난다. 투자원칙이라고 강조하는게 워렌 버핏 회장의 말 '절대 돈을 잃지 마라'였다. 안전한 투자를 추구할 것 같지만 내용을 들어보면 그의 닉네임 답게 무지하게 터푸하다. 과감하게 풀파워로 대출을 쓰고 급매다 싶으면 잡고 본다. 그걸 양립하게 했던게 '성수', '문정', '영등포' 서울의 핵심지 투자다. 이 책에는 안전자산에 투자하면서도 수익을 극대화했던 모든 노하우가 담겨 있다. 성수라고 다 똑같은 성수가 아니다. 구석구석 돌아다니면서 쌓은 내공과 노하우는 독자들에게도 신선한 지적 자극이 되어 투자에 영감을 줄 것이다.

박시형 변호사(법무법인 선경 대표변호사)

업을 하면서 뛰어나신 분들을 많이 뵙습니다. 그 중에서도 단연 반짝반짝 빛나는 분이 바로 터푸가이 윤영현 대표님입니다. 윤영현 대표님은 과감하면서도 사려 깊고, 꼼꼼하면서도 빠른, 비현실적인 능력을 갖춘 분입니다. 능력이 너무 뛰어나 남다른 책임감과 훈훈한 인품이 가려질 정도이지요. 이런 그를 담기에 성수는 너무 좁았다는 생각입니다. 이제 성수를 넘어 문정, 영등포, 서울 전역으로 뻗어나가는 그의 행보가 기대되는 이유입니다.

임성윤 병원장(전문의)

기회는 늘 가까이 있지만 평범한 사람은 두려움에 놓치기 쉽다. 기회가 왜 기회인지 명확히 밝혀주는 윤대표님을 알게된 건 우리 모두의 행운이다!

2부
현장에서 배우는 지식산업센터 투자 노하우

1부

지식산업센터,
투자의
블루오션

지식산업센터는
무엇이며,
지금 왜
지식산업센터에
투자해야만 하는가.

1장

지식산업센터 제대로 파악하기

// 지식산업센터 이해하기

가치투자자가 돼라.
아주 오랜 세월 증명된
효과적인 투자법이다.

워렌 버핏

지식산업센터 이해하기

저는 항상 큰 그림을 봐야 제대로 된 방향성을 잡을 수 있다고 생각합니다. 부동산 투자도 마찬가지입니다. 금리의 향방, 유동성, 수요와 공급, 정부 정책, 경제 상황 등을 종합적으로 모니터링하면서 공부하다 보면 돈의 흐름이 어디에서 어디로 이동하는지를 보고 방향성을 잡을 수 있죠.

이것이 바로 저의 부동산 제1원칙인 '가치 투자'입니다. 가치 투자는 주식에만 있는 개념이 아닙니다. 부동산에도 가치 투자를 아는 사람이 돈을 법니다. 지금부터 부동산을 가치 있는 자산의 개념으로 저와 함께 살펴보시죠.

우리는 지식산업센터 투자법을 설명합니다. 지식산업센터는 '아파트형 공장'이라고도 합니다. 제가 이해하기 쉽게 그림으로 설명해보겠습니다.

[지식산업센터의 정의 출처 : 네이버]

지식산업센터는 마치 아파트처럼 개별 공장들을 하나로 모아 만든 것입니다. 예전에는 개별 공장들이 있던 곳에 정부가 용적률을 상향시켰고, 이로써 지식산업센터 건물을 짓고 사업을 하도록 장려한 것인데요. 이는 토지이용 고도화 및 관리운영 효율화를 위해 정부에서 장려정책으로 소위 밀어주고 있는 산업 형태라고 볼 수 있습니다.

"정부에서 지원해주고 있다"는 말은 중요합니다. 왜냐하면 정부 정책을 등에 업고 하는 사업은 항상 긍정적인 결과가 어느 정도 보장되기 때문입니다.

산업집적활성화 및 공장설립에 관한 법률(이하 '산집법')에 의하면 지식산업센터는 동일 건축물에 제조업, 지식산업 및 정보통신산업을 영위하는 자와 지원시설(최소 6개 업체 이상)이 복합적으로 입주할 수 있는 다층형(3층 이상) 집합건축물을 뜻합니다.

지식산업센터, 라는 거창한 말이 생기기 전 원래 명칭은 '아파트형 공장'이었습니다. 지식산업센터라고 하면 몰라도 아파트형 공장이라고 하면 아시는 분도 계실 겁니다. 한마디로 아파트의 특장점을 모아서 만든 집합건물인데요. 원래 아파트라는 건축물이 탄생한 목적도 토지를 효율적으로 활용하고자 만든 것처럼, 지식산업센터도 다양한 공장과 기업들이 건물 한 곳에 입주해서 편리함을 도모하도록 한 목적입니다.

공장용지 부족 해결을 위한 정부의 해결책

지식산업센터는 서울 및 수도권의 벤처기업과 중소 제조업체들에게 필요한 공장 용지를 마련해주고, 땅값 상승으로 인해 공장 부지를 마련하기 어려운 점을 해결하기 위해 정부가 정책적으로 지원하는 사업입니다.

지식산업센터의 입주요건을 간단히 정리하면 지상 3층 이상의 집합건축물이어야 하며, 각 사업장이 6개 이상 입주할 수 있어야 합니다.

아래는 산집법에 나와 있는 지식산업센터에 대한 세부 설명입니다. 부동산에서 관련 법령은 굉장히 중요한 부분이기 때문에 원문 그대로 기술해보겠습니다. 이 부분을 꼼꼼하게 읽고 해석하는 것은 투자에 앞서 꼭 필요한 부분입니다.

지식산업센터 (시행령 제4조의6)

동일 건축물에 제조업, 지식산업 및 정보통신업을 영위하는 자와 지원시설이 복합적으로 입주할 수 있는 다층형 집합건축물로 공장 및 산업시설과 근린생활시설 등이 하나의 공간에 입주 되어 있는 공장형태를 말합니다.
기존에는 "아파트형 공장" 으로 불렸으나 첨단산업시설의 입주가 높아지면서 이에 대한 명칭을 지식산업센터로 변경하였습니다.
① 지상 3층 이상의 집합건축물
② 6개 이상의 공장 또는 지식산업·정보통신산업의 사업장이 입주
③ 「건축법 시행령」 제119조제1항 제3호에 따른 바닥면적(지상층 만)의 합계

- 같은 항 제2호에 따른 건축면적의 300% 이상.다만, 다음 각 목의 어느 하나에 해당하여 바닥면적의 합계가 건축면적의 300% 이상이 되기 어려운 경우에는 해당 법령이 허용하는 최대비율
- 국토의 계획 및 이용에 관한 법률」 제78조에 따라 용적률을 각 층 바닥면적의 합계가 건축면적(수평투영면적)의 300%이상

지식산업센터에 입주할 수 있는 시설

동일 건축물에 제조업, 지식산업 및 정보통신업을 영위하는 자와 지원시설이 복합적으로 입주할 수 있는 다층형 집합건축물로 공장 및 산업시설과 근린생활시설 등이 하나의 공간에 입주 되어 있는 공장형태를 말합니다.

기존에는 "아파트형 공장" 으로 불렸으나 첨단산업시설의 입주가 높아지면서 이에 대한 명칭을 지식산업센터로 변경하였습니다.

① 제조업, 지식산업 및 정보통신산업, 기타 특정 산업의 집단화 및 지역경제의 발전을 위하여 시장·군수·구청장이나 관리기관이 인정하는 사업

② 벤처기업육성에 관한 특별 조치법에 의한 벤처기업을 영위하기 위한 시설

③ 기타 입주업체의 생산활동을 지원하기 위한 시설. 다만, 당해 지식산업센터의 입주자의 생산 활동에 지장을 초래할 수 있다고 시·군·구청장 또는 관리기관이 인정하는 시설은 제외

- 금융·보험·교육·의료·무역·판매업(당해 지식산업센터에 입주한 자가 생산한 제품)을 영위하기 위한 시설
- 물류시설 기타 입주기업의 사업을 지원하거나 보육시설, 기숙사 등 종업원의 복지증진을 위하여 필요한 시설

- 건축법에 의한 근린생활시설(면적제한이 있는 경우에는 그 제한면적범위 이내의 시설에 한한다.)
④ 산업단지 또는 공업지역이 아닌 지역에 위치한 경우에는 도시형 공장의 시설
- 입주업체 생산활동의 지원시설규모는 당해 지식산업센터의 건축 연면적의 30%이내(산업단지내에는 20% 이내)
- 지식산업센터안에서 제조업을 영위하는 입주기업의 부대시설 중 사무실 또는 창고를 지식산업센터 건축물내의 별도 구역에 설치하게 할 수 있다.

지식산업센터가 변화한 과정

지식산업센터 법령을 읽어보았다면, 이번에는 역사를 다룰 차례입니다. 앞서 투자는 역사의 반복이라고 말씀드린 것 기억하시죠. 역사를 통해 과거를 알면, 미래가 보입니다.

지식산업센터는 1940년경 네덜란드에서 상공회의소가 기업 집단화를 시작한 것이 시초입니다. 이후 공업용지가 부족하고 인구밀집도가 높은 일본, 대만, 홍콩, 싱가포르 등으로 확장되면서 발전해왔죠.

우리나라에서는 도시 내 제조업체 집적화 정책의 일환으로 1979년 최초로 아파트형 공장 사업이 시범적으로 실시되었는데요. 1989년 '인천 주안 공장'으로 아파트형공장을 신축한 것이 최초의 아파트형 공장이라고 볼 수 있습니다. 사실 입주 초기에는 규모가 작아서 입주기업들의 불평이 컸다고 합니다.

그 당시 입주업체 대부분이 대형기계 및 설비를 설치해야 하는 제조업체들이 많았는데, 이러한 업체들이 쓰기에 초창기 지식산업센터 내부 실사용 면적은 좁았고 기계 소음으로 많이 시끄러웠죠.

[출처 : 한국학중앙연구원]

[출처 : 국가기록원 대한뉴스 1991]

아파트형공장은 태동 최초 시점인 1990년대에는 제조업 중심의 집한 공장으로 출발했으나, 2000년대에 오면서 IT(정보기술), BT(생명공학기술), 벤처기업, 스타트업기업들이 몰려들면서 바뀌기 시작했습니다. 지식기반산업과 첨단산업이 몰려들면서 명칭도 2010년 법률 용어를 '지식산업센터'로 바꿨습니다.

서울은 더 이상 제조 공장의 신규등록이 불가한데, 유일하게 지식산업센터에서의 신규 등록은 가능합니다.

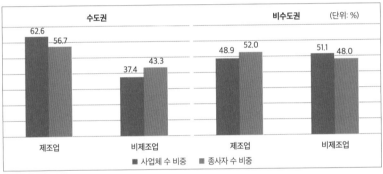

지식산업센터 지역별 사업체, 종사자 수 입주 업종 비중
[출처 : 국토연구원 국토정책브리프_848]

지식산업센터의 지역별 사업체, 종사자 수 입주 업종 비중을 살펴보면, 수도권의 경우 제조업 업체 수 비중이 62.6%인 것에 비해 종사자 수 비중이 56.7%로 낮게 나타나고 있어서, 비제조업 대비 상대적으로 덜 노동집약적인 업종으로 보입니다.

지식산업센터 등장은 1970~1980년대 대도시 기반의 도시형 제조업과 영세

민 지원에 대한 해결책이었으나 1990년대 이후 정책환경은 지식산업이 대도시 입지를 활용함에 있어 특별한 규제 혹은 높은 지대의 지불 없이도 건설 및 분양이 가능했던 제도적 배경에 있습니다.

비수도권 지식산업센터 이용은 여전히 제조시설의 성격이 수도권에 비해 강합니다. 물리적인 공간 활용 측면에서 수도권과 비수도권 간의 현저한 차이를 보이고 있습니다.

과거 1세대 아파트형공장의 시끄럽고 칙칙한 공장 이미지에서 벗어나서 2010년 이후에는 다양한 편의시설과 문화공간을 갖춘 멀티 복합형 업무단지로 바뀌었습니다.

앞으로도 지식산업센터는 대형화, 고급화, 고층화 되면서 해당 지역내 랜드마크 오피스 빌딩으로 자리잡게 될 것입니다. 지금도 지식산업센터 내, 외부에 충분한 공용 녹지공간, 친환경설비, 최첨단 시스템, 각종 편의시설 등을 갖춘 스마트형 지식산업센터로 발전하고 있는 상황입니다.

2020년 이후에는 한단계 더 업그레이드 해서 어린이집, 유치원 등 교육공간, 복합 문화공간, 예술 공간 개념이 더해지면서 더욱 차별화된 스마트형 복합 건물로 발전하게 될 것으로 예측하고 있습니다.

지식산업센터 현황

전국 지식산업센터 현황[출처 : 팩토리온 / 2021년 12월말 기준]

2021년 12월 말 기준 전국 지식산업센터 현황자료를 살펴보죠. 현황 표의 6번째 줄에 보이는 것처럼 등록과 승인으로 구분할 수 있습니다.

승인은 건축허가 등 지식산업센터의 건축이 승인된 것이고 등록은 건물이 완공되어 준공허가를 획득한 것입니다. 보통 승인 상태인 지식산업센터는 대부분 공사 중으로 2~3년 내 완공 예정이며 완공을 마무리 한 후에야 등록이 됩니다.

위 자료를 자세히 들여다보시기 바랍니다. 이미 입주가 지난 것도 '승인'으로만 잡혀 있고 건축 승인상태에서 사업 진행이 불가해 아직 '승인'상태로 남아 있는 곳도 있으니 참고하시기 바랍니다.

사업 진행 기준으로 보자면, 실제로는 2021년 12월말 기준으로 약 1,150~1,200여 개가 될 것입니다.

독자분들을 위해 조금 더 보기 편하게 정리한 데이터가 다음의 표입니다.

지역	건물수	건물수 비율	대지면적 합계(평)	대지면적 비율	연면적 합계(평)	연면적 비율
경기도	590	46.0%	1,496,534	48.4%	7,429,825	51.0%
서울	360	28.1%	657,534	21.3%	4,166,122	28.6%
인천광역시	77	6.0%	196,299	6.4%	993,770	6.8%
부산광역시	45	3.5%	105,653	3.4%	344,385	2.4%
대구광역시	33	2.6%	75,349	2.4%	154,414	1.1%
광주광역시	26	2.0%	87,479	2.8%	205,373	1.4%
경상남도	25	2.0%	118,208	3.8%	257,409	1.8%
충청북도	24	1.9%	33,193	1.1%	108,162	0.7%
전라남도	20	1.6%	66,923	2.2%	141,265	1.0%
대전광역시	15	1.2%	41,680	1.3%	172,969	1.2%
충청남도	15	1.2%	43,233	1.4%	150,518	1.0%
강원도	14	1.1%	44,276	1.4%	102,930	0.7%
경상북도	13	1.0%	33,471	1.1%	65,786	0.5%
전라북도	13	1.0%	50,039	1.6%	120,174	0.8%
울산광역시	7	0.5%	22,462	0.7%	106,092	0.7%
제주도	3	0.2%	18,889	0.6%	36,216	0.2%
합계	1,282		3,091,223		14,579,181	

전국 지식산업센터 현황 요약[출처 : 팩토리온 / 2021년 12월말 기준 / 저자 재가공]

자료를 보시면 21년 연말 기준, 전국 지식산업센터는 총 1,282개입니다(세종

시 2개 제외).

대지면적 총 합계는 약 300만평, 연면적 합계는 총 1,450만평에 달합니다.

이중 서울, 경기, 인천은 총 1,027개로 전체 건물수 중 80%를 차지합니다. 한 마디로 지식산업센터가 서울, 경기, 인천에 주로 몰려 있다는 얘기입니다. 전체 지식산업센터 중 서울, 경기에 약 80%가 몰려 있는 셈이니, 옥석을 잘 가려서 투자해야 합니다. 특히 주변 공급량을 반드시 확인해보는 것이 중요합니다.

저는 투자에 관해 언급할 때 항상 '절대적 수익률'은 없다고 강조합니다. 어떤 투자 대상이든 공급이 많으면 가격은 떨어지고, 이는 부동산에서도 핵심 지역인 강남이라도 마찬가지입니다.

공급이 많은 지역 중 비수도권 지역을 보면 대구, 부산에 상당수가 있는 것을 확인할 수 있습니다.

건물 수를 그래프로 요약하면 다음과 같습니다.

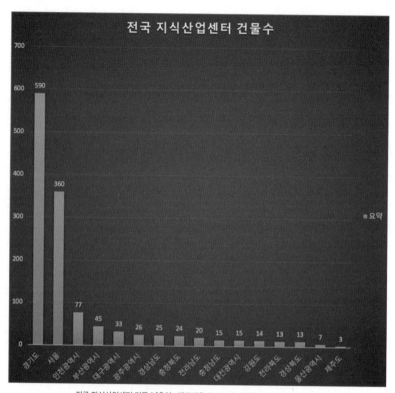

전국 지식산업센터 건물수[출처 : 팩토리온 / 2021년 12월말 기준 / 저자 재가공]

초고수들만 아는 투자의 비법

연도별 급증하고 있는 지식산업센터 승인 건수

그래프는 2015년부터 급격하게 증가하고 있는 지식산업센터 승인 건수 및 변경 건수를 요약한 그래프입니다. 2021년 승인 건수는 2021년 8월 말 기준으로 82건이며, 연말 기준 예상치를 넣은 숫자입니다.

승인 건수는 2018년부터 급증하고 있으며, 2021년도 2020년과 비슷할 것으로 예상하고 있습니다. 연도별 승인 건수 그래프를 보면 알 수 있듯 최근 지식산업센터에 대한 부동산 업계의 관심도가 폭증하면서 시행, 건설사에서도 분양을 꾸준히 늘리고 있다는 걸 간파할 수 있습니다.

지식산업센터는 분양 후 보통 2~3년 후 준공되기 때문에 앞으로 2023~2024년까지는 전국적으로 꾸준히 많은 물량의 입주가 지속될 것으로 보입니다. 물량 앞에 장사 없다는 말이 있습니다.

이렇게 전국적으로 입주 물량이 꾸준히 증가할 때는 철저하게 입지가 좋고 공실이 적은 곳으로 옥석을 잘 가려서 투자해야 합니다.

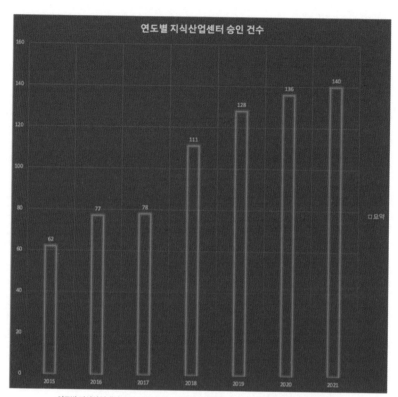

연도별 지식산업센터 승인 건수[출처 : 한국산업단지공단 / 2021년 8월말 기준 / 저자 재가공]

용도별 호실 구분 및 입주 가능 업종

지식산업센터의 견적서나 분양계약서를 보면 각 호실이 공장, 근린생활시설, 업무지원시설 등으로 표기되어 있습니다.

지식산업센터의 사용 용도를 보면 크게 공장과 업무지원시설로 나뉩니다. 우리가 말하는 지식산업센터 또는 섹션 오피스는 '공장'을 가리키는 말입니다. 업무지원시설은 1층 상가, 지하 창고, 기숙사, 라이브오피스, 체육시설 등이 있습니다.

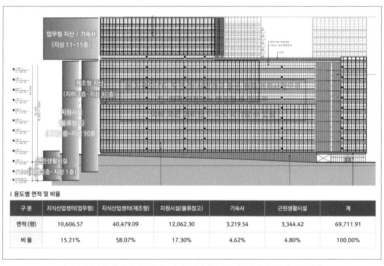

구 분	지식산업센터(업무형)	지식산업센터(제조형)	지원시설(물류창고)	기숙사	근린생활시설	계
면적 (평)	10,606.57	40,479.09	12,062.30	3,219.54	3,344.42	69,711.91
비율	15.21%	58.07%	17.30%	4.62%	4.80%	100.00%

지식산업센터 층별 시설 계획[출처 : 현대프리미어캠퍼스 지식산업센터 층별 시설 계획]

공장의 경우 명칭만 공장일 뿐 실제 공장이 들어가는 것은 아닙니다. 일부 드라이브인 호실 및 제조특화형 호실이 아니면 대부분의 공장 호실은 사무용 오피스로 보면 됩니다.

업무지원시설은 다시 1종 근린생활시설, 2종 근린생활시설, 사무실, 창고, 기숙사 등으로 구분됩니다.

업무지원시설은 입주 업종 제한이 거의 없는 게 장점입니다. 입주 불가능한 업종 대부분은 업무지원시설에 입주가 가능합니다. 그래서 주로 업무지원시설에는 주로 세무사, 회계사, 변호사, 법무사 사무실 등이 입주하는 편입니다. 또한 물류 시설이나 입주기업의 사업을 지원하거나, 보육시설, 기숙사 등 직원들의 복지증진을 위해 필요한 시설은 입주할 수 있습니다.

공장(오피스)인 호실들은 입주할 수 있는 업종에 제한이 있습니다. 특히 분양을 받을 때는 실사용 입주 기업에게만 분양하기 때문에 임대업으로 분양은 불가한 점 참고하시기 바랍니다.

현재 시중의 일부 지식산업센터 강의나 책, 분양 자료 등에는 보험, 의료, 무역, 건설, 유통, 도소매, 교육, 등은 공장(오피스) 호실에 들어갈 수 없고, 주로 업무지원시설에 입주가 가능하다고 설명합니다. 그러나 필자가 현장에서 얻은 정보는 달랐습니다.

서울의 경우 각 구별로 조금씩 다르므로 가장 정확한 입주가능 업종을 확인하려면, 구청 담당 주무관님께 확인하면 가장 확실한 정보를 얻을 수 있다는 점입니다.

산집법상의 지식산업센터 구성 및 입주 가능 업종 확인

입주 업종은 산집법 제28조의5에 정확히 명시되어 있으니 참고하시면 되겠습니다.

제28조의5(지식산업센터에의 입주) ① 지식산업센터에 입주할 수 있는 시설은 다음 각 호의 시설로 한다. <개정 2010. 4. 12.>

1. 제조업, 지식기반산업, 정보통신산업, 그 밖에 대통령령으로 정하는 사업을 운영하기 위한 시설

2. 「벤처기업육성에 관한 특별조치법」 제2조제1항에 따른 벤처기업을 운영하기 위한 시설

3. 그 밖에 입주업체의 생산 활동을 지원하기 위한 시설로서 대통령령으로 정하는 시설

   ② 제1항제1호에 따라 지식산업센터에 입주할 수 있는 시설의 범위 및 규모는 대통령령으로 정한다. <개정 2010. 4. 12.>

   [전문개정 2009. 2. 6.]

   [제목개정 2010. 4. 12.]

3. 입주자의 자격 및 입주대상 업종

가. 입주 자격

산집법 제28조의5(지식산업센터의 입주) 및 동법시행령 제6조(산업단지의 입주자격) 및 제36조의4(지식산업센터의 입주)의 규정에 의한 입주자격을 갖춘 업체로서 공장시설의 경우 산집법 제38조 제1항 및 제3항에 따라 입주계약을 체결할 수 있는 업체

나. 입주대상 업종

산집법 제28조의5 및 동법시행령 제6조 및 제36조의4 규정에 의한 입주가능 대상 업종

- **공장시설**

1) 〈산집법 시행령〉 제6조 규정에 의거 산업단지 입주자격을 갖춘 업체로서 동법 시행령 제2조에서 정한 공장
2) 〈산업발전법〉 제5조 제1항의 규정에 따른 첨단기술산업, 〈산집법 시행규칙〉 제15조 규정에 의한 첨단업종을 영위하고자 하는 자
3) 〈산집법 시행령〉 제6조에 따른 지식산업 및 정보통신산업을 영위하고자 하는 자
4) 〈산집법〉 제28조 및 동법 시행령 제34조에 따른 도시형공장을 영위하고자 하는 자
5) 〈벤처기업육성에 관한 특별조치법〉 제2조 제1항에 규정하는 벤처기업을 영위하는 시설(산집법 제28조5 제1항 제2목)
6) 〈중소기업 창업지원법〉 제2조 제7호에 따른 창업보육센터를 설치·운영하고자 하는 자
※ 부동산 임대사업자는 분양자격이 제한

- **지원시설**

1) 〈산집법 시행령〉 제36조의4 제2항의 규정에 사업 및 시설을 영위하고자 하는 업체
2) 건축법 시행령 별표1 제3호 및 제4호의 규정에 의한 근린생활시설 면적제한이 있는 경우에는 그 제한 면적범위 이내의 시설에 한함

- **기숙사**

1) 종업원에게 제공하기 위한 입주기업체 또는 지원기관
2) 기숙사 운영업(55901)을 영위하고자 하는 자
※ 기숙사의 용도는 입주업체 종업원 복지증진을 목적으로 활용되어야 하며, 주거 등 기타 목적을 가진 제삼자에게 제공 불가

지식산업센터 입주자의 자격 및 입주대상 업종[출처 : 산집법 법령]

초고수들만 아는 투자의 비법

다음은 지식산업센터 주요 입주가능업종(제조업 외)을 간단히 정리한 내용입니다.

코드	업종	비고	코드	업종	비고	코드	업종	비고
143200	무형 재산권 임대업	조광료	730001	물리, 화학 및 생물학 연구개발업		743004	광고물 문안, 도안, 설계 등 작성업	
221100	일반 서적 출판업		730002	농림수산학 및 수의학 연구개발업		749201	보안 시스템 서비스업	
221103	교과서 및 학습 서적 출판업		723000	자료 처리업		749500	포장 및 충전업	
221104	만화 출판업		723001	호스팅 및 관련 서비스업		749902	번역 및 통역 서비스업	
221200	잡지 및 정기 간행물 발행업		730003	의학 및 약학 연구개발업		749905	사업 및 무형 재산권 중개업	사업 재산권 중개업
221201	신문 발행업		730004	기타 자연과학 연구개발업		749907	전시, 컨벤션 및 행사 대행업	
221202	정기 광고 간행물 발행업		730005	전기·전자공학 연구개발업		749910	시각 디자인업	
221300	음악 및 기타 오디오물 출판업		730006	기타 공학 연구개발업		749912	물품 감정, 계량 및 견본 추출업	
221900	기타 인쇄물 출판업		730007	자연과학 및 공학 융합 연구개발업		749914	인테리어 디자인업	
372002	토양 및 지하수 정화업		730008	경제 및 경영학 연구개발업		749915	제품 디자인업	
372003	기타 환경 정화 및 복원업		741300	시장 조사 및 여론 조사업		749916	패션, 섬유물 및 기타 전문 디자인업	
381006	포장 및 충전업	소사장제	741400	경영 컨설팅업		749934	무형 재산권 임대업	
642001	무선 및 위성 통신업		742101	측량업		749935	사업시설 유지·관리 서비스업	
642002	통신 재판매업		742102	지도 제작업		749943	콜센터 및 텔레마케팅 서비스업	
642003	그 외 기타 전기 통신업		742103	건축 설계 및 관련 서비스업		749947	사업 및 무형 재산권 중개업	무형 재산권 중개업
642005	유선 통신업		742104	기타 엔지니어링 서비스업		921304	방송 프로그램 제작업	
701600	무형 재산권 임대업	광업권자·조광권자의 채굴에 관한 권리의 대여로 인한 수입	742105	건축 설계 및 관련 서비스업	건축사	921501	광고 영화 및 비디오물 제작업	
721000	컴퓨터 시스템 통합 자문 및 구축 서비스업		742106	건물 및 토목 엔지니어링 서비스업	기술사	921502	일반 영화 및 비디오물 제작업	
721001	컴퓨터시설 관리업		742107	도시 계획 및 조경 설계 서비스업		921503	영화, 비디오물 및 방송 프로그램 제작 관련 서비스업	
722000	응용 소프트웨어 개발 및 공급업		742108	제도업		921504	애니메이션 영화 및 비디오물 제작업	
722001	유선 온라인 게임 소프트웨어 개발 및 공급업		742109	건물 및 토목 엔지니어링 서비스업		921505	일반 영화 및 비디오물 제작	미디어콘텐츠 창작업
722002	모바일 게임 소프트웨어 개발 및 공급업		742110	환경 관련 엔지니어링 서비스업		930917	콜센터 및 텔레마케팅 서비스업	대리운전업체
722003	기타 게임 소프트웨어 개발 및 공급업		742113	지질 조사 및 탐사업		940100	번역 및 통역 서비스업	인적용역(작가)
722004	시스템 소프트웨어 개발 및 공급업		742201	기타 기술 시험, 검사 및 분석업		940909	컴퓨터 프로그래밍 서비스업	인적용역(컴퓨터 프로그래머)
722005	컴퓨터 프로그래밍 서비스업		742202	기타 기술 시험, 검사 및 분석업	기술지도사	940916	전시, 컨벤션 및 행사 대행업	인적용역(행사도우미)
724000	데이터베이스 및 온라인 정보 제공업		742203	물질 성분 검사 및 분석업			자주사용되는 업종	
729000	기타 정보 기술 및 컴퓨터 운영 관련 서비스업		743001	옥외 및 전시 광고업				
730000	기타 인문 및 사회과학 연구개발업		743002	광고 대행업				

지식산업센터 주요 입주가능업종표[출처 : 아투연 임회계사 재가공]

지식산업센터 정부정책과 예측

지식산업센터는 주로 택지지구 안에 들어가는데 이것은 한마디로 정부에서 지원하는 정부 장려 정책 중 하나입니다. 신도시 및 계획도시가 들어설 때 직주근접(직장과 주거가 가까운 것을 말함)을 위해서 주택 인근에 지식산업센터가 들어섭니다.

지식산업센터는 지방자치단체, 정부, 공공기관들이 좋아합니다. 지식산업센터가 들어오면 가장 중요한 성과인 양질의 일자리를 창출할 수 있고 두 번 째로 중요한 세수 확보가 용이하고 세수가 늘어나기 때문입니다.

우리가 알고 있는 일반 공장들은 도시계획상 공업지역에 들어가는데, 지식산업센터는 제3종 일반주거지역, 준주거지역, 준공업지역 등에 지을 수 있습니다.

정부에서 기대하고 있는 지식산업센터 순기능 역할

정부에서 지식산업센터를 소위 밀어주는 이유는 첫째, 무분별한 개발계획 및 공장용지난을 해소하기 위해서입니다. 토지이용 고층화로 아파트처럼 고층으로 올려서 서울 지역 내 용지난을 해소하자는 것입니다.

두 번째는 도시환경 개선 효과입니다. 지식산업센터는 주거 기능을 훼손하지 않는 산업단지이며 직주근접이 가능하며 지역경제 활성화를 시키는 순기능 역할을 하고 있습니다.

예시로 만약 예전처럼 소음, 분진 등이 많이 발생하는 중소규모의 공장 작업장이 집 근처에 있다면 좋아하지 않는 시설이 됩니다. 이런 근대화된 시설들이 주거 기능을 저해하지 않는 지시산업센터로 대체하고 있어서 정부 입장에서는 순기능 역할을 지속하고 있다고 판단하고 있습니다.

준공업지역은 한마디로 보물입니다. 왜 그런지 한 번 살펴보겠습니다.

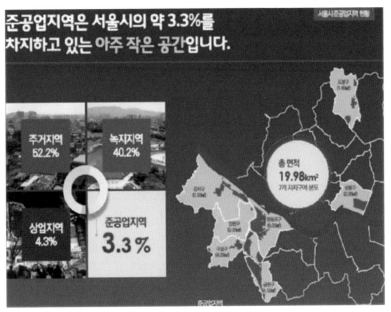

서울 준공업지역[출처 : 서울시/국토교통부]

현재 서울의 준공업지역은 총 1998만㎡(604만평)로, 주로 ▲강서구(292만㎡, 88만평) ▲구로구(428만㎡, 130만평) ▲금천구(412만㎡, 125만평) ▲영등포구(502만5000㎡, 152만평) 등 서남권에 집중돼 있습니다.

국토교통부 자료에서도 알 수 있듯이 서울 전체면적 약 1억 8천만평 중 준공업지역은 3.3%로 약 600만 평밖에 되지 않습니다. 준공업지역은 보통 건폐율 60%, 용적율 400%가 가능한데, 땅은 좁은데다 고층화가 필요한 아파트 및 지식산업센터에는 꼭 필요하고 중요한 용지라고 볼 수 있습니다. 준공업지역은 공업지역 가운데 경공업이나 환경오염이 적은 공장을 수용하는 곳을 말합니다.

지금도 언론 뉴스, 정치권에서는 계속해서 준공업지역 개발계획에 대한 기사가 많이 나오고 있습니다. 특히 성수, 영등포의 역세권, 준공업지역의 작은 땅들은 고밀 개발을 통해 용적율을 500~700%까지 올려주자는 얘기가 많이 나오고 있습니다.
서울시에서도 낙후된 역세권 준공업지역의 도시환경을 개선하고 주택 공급을 활성화 하기 위해 이런 소규모 재개발을 도입 중에 있습니다.

최근 서울시가 준공업지역 중 하나인 성수동 일대의 용적률을 높여주었습니다. 성동구 성수동2가 일대 57만 8619㎡(17.5만평)를 정보통신(ICT), 연구개발(R&D) 특화 거점으로 개발하는 지구단위계획을 확정했습니다. 준공업지역인 이 일대는 최대 용적률 560%를 적용받아 고층 건물이 들어설 예정이다. 실제 지구단위계획 확정 후 매물이 순식간에 잠기면서 가격도 계속해서 오르고 있는 실정입니다.

현재 서울 준공업지역 내 토지주들이 땅을 안 팔기 때문에 거래량이 줄었지

만, 서울 시내 준공업지역의 땅값은 다른 용도지역에 비해 더욱 가파르게 오르고 있습니다

준공업지역은 서울에서 개발할 만한 마지막 땅이라고 하지만, 남아있는 땅 자체가 별로 없다는 게 문제입니다.

여기서 꼭 기억하셔야 할 점이 있습니다.

준공업지역은 앞으로도 땅의 가치가 굉장히 올라갈 것입니다.
제가 컨설팅을 할 때 고객들에게 해드리는 말이, 서울 역세권 준공업지역에는 개집이라도 사 놓으라고 농담처럼 말합니다. 준공업지역에 최소한 땅을 한 평 정도는 꼭 갖고 있으라는 뜻입니다.

1. 지식산업센터는 수익률이 어느 정도는 보장됩니다. 왜냐하면 정부 정책을 등에 업고 하는 사업은 항상 긍정적인 결과가 어느 정도 보장되기 때문입니다.

2. 전체 지식산업센터 중 서울, 경기에 약 80%가 몰려 있는 셈이니, 옥석을 잘 가려서 투자해야 합니다. 특히 주변 공급량을 반드시 확인해보는 것이 중요합니다. 이렇게 전국적으로 입주 물량이 꾸준히 증가할 때는 철저하게 입지가 좋고 공실이 적은 곳으로 옥석을 잘 가려서 투자해야 합니다

3. 서울의 경우 각 구별로 조금씩 다르므로 가장 정확한 입주가능 업종을 확인하려면, 구청 담당 주무관님께 확인하면 가장 확실한 정보를 얻을 수 있습니다.

4. 준공업지역은 앞으로도 땅의 가치가 굉장히 올라갈 것입니다. 현재 서울 준공업지역 내 토지주들이 땅을 안 팔기 때문에 거래량이 줄었지만, 서울 시내 준공업지역의 땅값은 다른 용도지역에 비해 더욱 가파르게 오르고 있습니다. 준공업지역은 서울에서 개발할 만한 마지막 땅이기도 하지만, 남아있는 땅 자체가 별로 없기 때문에 주목해야 합니다.

2장

지식산업센터를
꼭 투자해야 하는 이유
(수익형부동산의 꽃 지식산업센터)

재능을 꽃피우는 것은
성실함이고
없던 재능을 만들어내는 것도
성실함이다.

<인생은 실전이다> 중에서

인생은 타이밍입니다. 누군가 아무리 좋은 재능을 갖고, 좋은 환경과 인프라를 동원해서 사업 내지는 투자를 한다고 해봅시다. 그 사람은 자신의 성공을 100% 확신할 수도 있지만, 이는 타이밍이 잘 맞아야 합니다. 여기서 말하는 타이밍은 시대의 상황과 시장의 요구를 정확히 파악했느냐의 문제입니다. 만약 이 타이밍에 맞지 않는다면 100%의 완벽한 계획도 물거품으로 돌아갈 수 있습니다.

제게는 코로나19의 위기가 그랬습니다. 남들이 모두 부러워할 만큼 잘 나가는 파티룸 프랜차이즈를 운영했던 저는, 이제 전국 가맹점화라는 부푼 꿈을 안고 사업을 추진해나가던 도중, 예상 밖의 암초를 만난 것이죠. 그때까지만 해도 코로나19처럼 전 세계적 전염병이 제 사업을 무너뜨리리라는 예상은 전혀 하지 못했습니다.

한 마디로 저는 타이밍을 잘못 맞춘 것입니다.

이 사업을 계기로 다행히 지식산업센터 투자의 세계로 발돋움하게 되었지만, 이때의 뼈아픈 경험은 저에게 '타이밍'의 중요성을 두고 두고 생각하게 했습니다. 이 책을 읽는 분들은 아마 많은 지식산업센터 투자 서적을 읽어본 분이실 겁니다. 그런데 왜 이 시점에서 지식산업센터 투자를 해야 하는가, 그것이 적절한 타이밍인가를 언급할 때 저는 '모든 지식산업센터가 그렇지는 않다'라고 강조합니다. 이것은 이 책의 후반부에서 차차 다룰 예정입니다. 지금은 2022년이 왜 지식산업센터 투자를 해야 하는지에 대해 설명하려고 합니다.

가장 매력적인 수익형 부동산 투자상품

현재 주택시장은 여러 가지 규제 때문에 양도세는 최대 82.5%, 취등록세와 종부세는 각각 최대 12%를 내야 하는 등 투자환경이 상당히 어려워지고 있습니다.

반면 지식산업센터는 아직은 큰 규제가 없는 시장입니다.

지식산업센터는 수익형부동산 및 실입주 업무용으로도 활용가능한 수익형 부동산계의 하이브리드 부동산이라고까지 표현합니다.

지식산업센터는 매월 안정적인 월세가 나오고 또한 업무용으로 사용하다 보니, 불경기 및 부동산 침체가 오더라도 주택시장과 다르게 등락 폭이 적고 리스크를 헤지(위험 방지)할 수 있는 안정적인 부동산 상품입니다.

2008년 금융위기 이후 보통 다가구, 아파트 등의 주택시장은 등락폭이 심했던 반면, 업무용 부동산인 빌딩 오피스, 지식산업센터는 실제 등락폭이 적었습니다.

지금 코로나19 이후의 상황도 비슷하게 나타나는 현상이지만 아무리 경기침체가 오더라도 새로운 영역에서 빛을 발하는 회사들은 어느 상황이든 생겨나게 마련입니다. 이처럼 업무용 부동산은 경기침체 시기에도 꼭 필요한 필수 부동산이라고 보시면 됩니다.

저는 기복이 심한 투자는 위험하다고 생각합니다. 비트코인이나 변동폭이 큰 주식 투자 등은 인생을 바꿔놓을 큰 부를 가져다주기도 하지만, 반대로 가진 자산을 모두 탕진할 위험도 존재하는 변동폭이 큰 상품입니다.

저는 투자 상품으로써 이러한 기복이 매력적이진 않다고 봅니다. 운동선수가 올림픽에 나가서 메달을 따려고 할 때 자기 관리를 통해 기복을 줄이듯, 자산 투자의 세계에서 수익을 올리려면 이처럼 기복이 심하지 않도록 관리하는 것이 중요합니다.

지식산업센터는 이러한 기복이 가장 적은 투자 상품이라고 생각합니다.

실사용자는 매수하는 게 진리

아파트도 1가구 1주택은 진리라는 말이 있듯이 지식산업센터도 실사용자에게는 여러 가지 혜택이 많이 있고 가격 오르고 내림과 상관없이 실사용 및 업무용으로 사용하기 때문에 꼭 매수하는 게 좋습니다.

필자가 실입주로 사업하시는 대표님들을 많이 만나고 있는데 대부분 공통점으로 하는 말이 부동산을 매수했던 것이 '신의 한 수'라고 다들 이구동성으로 말합니다.

보통 대출 80%로 대출을 이용해 매수를 하게 되면, 임차료 월세보다 대출이자가 훨씬 저렴하기 때문입니다. 실입주로 사무실을 찾는 법인회사들은 좋은 호실을 잘 찾습니다.

왜냐하면 직원들이 불편하면 안 되니 역세권으로 찾으시고, 엘리베이터가 필요 없는 지상 2~3층 또는 뷰가 좋은 고층 라인, 코너호실들 위주로 잘 선택하기 때문입니다.

본인들이 실제 사용하는 공간이니 꼼꼼히 여러 가지 분석해서 매수를 하다 보니 대부분 좋은 호실을 매수하게 됩니다.

직접 경험해본 오피스 빌딩 vs. 지식산업센터 비교

필자는 실제 강남권에 있는 일반 상업용 오피스에서 약 13년간 근무했었으며, 지식산업센터는 현재 2년 이상 성수동에서 실입주로 사용하고 있어서 총 15년간 오피스 빌딩과 지식산업센터를 이용해본 경험이 있다고 말할 수 있습니다. 그 과정에서 알게 된 각 지식산업센터만의 장점이 있습니다.

첫째, 임대료 측면입니다.

강남권의 임대료는 분양 평당 약 10만원대인 반면, 성수동 임대료는 약 5.5만원입니다. 비싼 임대료 때문에 강남권에서 문정, 성수동으로 회사들이 많이들 넘어가고 있는 상황입니다. (성수동 임대료는 준신축급, 역세권 기준)

둘째, 관리비입니다.

강남권의 관리비는 분양 평당 약 1~3만 원대입니다. 반면, 성수동 관리비 약 7천 원대입니다. 강남권은 관리비가 성수동 대비 약 2~3배이상 비싼 편입니다. 분양 50평 기준, 약 30만 원 차이가 납니다.

당연히 지식산업센터는 관리사업부가 입주해서 건물관리를 하다 보니, 지식산업센터가 일반 오피스보다 훨씬 더 청소상태 및 관리상태는 양호합니다.

셋째, 지하 주차장입니다

강남권은 주차가 거의 만차이거나 기계식 주차장이 다수입니다. 반면 성수동 지식산업센터는 지하 4~6층까지 주차장 이용이 가능합니다. 지식산업센터는 거의 대부분이 자주식 주차장입니다. 직원들 주차까지 감안하면 강남보다 조건이 훨씬 좋은 편입니다.

넷째는 상가 편의시설입니다

지식산업센터 1층 상가 편의시설 및 업무지원시설이 일반 상업용 오피스보다 훨씬 더 많이 있습니다. 이 때문에 사무실에서 멀리 가지 않아도 업무지원시설을 이용하기 좋습니다.

그 외에도 옥상정원, 공용공간 등 지식산업센터가 일반 오피스보다 인프라 활용 측면에서 장점이 많다는 점을 꼽을 수 있습니다.

정부정책과 세제 혜택

게다가 지식산업센터는 업무공간이 좋은 편이며 주로 역 근처에 있어서 도심 출퇴근 접근성도 좋은 편입니다. 지자체 입장에서도 지식산업센터가 클러스터로 들어오면 양질의 일자리 창출과 소득 증대 효과를 통해 지역경제를 활성화할 수 있어서 각 지자체들도 지식산업센터가 들어오기는 것을 반깁니다.

우리나라 전체 일자리 중 약 70~80%를 담당하고 있는 중소기업은 앞으로 산업 발전에 있어 매우 중요한 위치에 있습니다. 지식산업센터 내 입주한 중소기업을 살려야 하기에 정부 당국에서도 이 점을 매우 중요하게 보고 있습니다. 대만, 독일, 이스라엘은 중소기업 강국으로 중소기업에 대해 많은 투자를 하고 있어서 이런 중소기업들이 발전해서 글로벌 기업으로 성장하고 있는 실정입니다.

지식산업센터를 매수해서 직접 사용하는 실사용자에게는 세금감면 혜택 및 여러 가지 정부 정책 자금 대출이 가능합니다. 정부가 관심을 갖고 지원해준다는 측면에서 가장 큰 부분이 바로 이 점일 듯합니다.

먼저 세금감면 혜택은 분양받거나 분양권을 매수하는 조건으로 5년간 실사용하면 취등록세 50%감면, 재산세 37.5% 감면 혜택이 주어집니다.
이 세금감면 혜택은 2019년 말까지였으나, 3년 더 연장되어 2022년 말까지 등기를 한다면 세금혜택을 받을 수 있습니다.
필자는 이 세금감면 혜택이 앞으로 더 연장될 것이라고 생각합니다. 왜냐하면 현재 코로나19로 어려운 경제 상황임을 감안하고 정부 장려 정책 기조 유지 등 중소기업을 잘 육성해야 하기 때문에 연장될 가능성이 높다고 보는 것입니다.

또 한 가지 언급해둘 점은, 세제 혜택은 아니지만 지식산업센터는 종부세가 거의 없습니다.
주택은 2주택 이상일 때는 6% 종부세를 내야 합니다. 지식산업센터는 속한 토지의 공시지가 합계가 80억 원이 넘으면 종부세가 나옵니다. 한마디로 지식산업센터는 매매가 합계가 약 400~500억 원 정도가 돼야 종부세 대상이 되는 것입니다.

실사용자에게는 대출이 잘 나온다

실사용자에게는 일단 대출이 잘 나온다고 보시면 됩니다. 약 90% 정도까지 대출도 가능한데 지식산업센터를 담보로 시설자금 명목으로 80% 대출과 대표자 신용대출로 10% 내외로 해주기 때문에 90% 대출도 가능한 편입니다. 2022년 2월 말 기준으로 현재 1금융권의 지식산업센터 대출이율은 2% 후반대~3% 초반대로 형성되어 있습니다.

실사용자는 공적자금 대출도 가능하다.

실제 입주해서 5년간 사용하는 업체에는 시중 1금융권 은행보다 저리로 대출이 가능합니다. 공적자금 대출은 크게 두 가지가 있는데, 중소벤처기업진흥공단(중소기업청)과 서울신용보증재단(서울시 자금)에서 대출이 가능합니다. 신용보증재단은 각 지자체별로 운영됩니다.

다음의 내용은 2022년도 중소벤처기업진흥공단(중소기업청) 시설자금과 운전자금 세부 내용 및 융자 절차를 설명해둔 것입니다. 중소벤처기업진흥공단 정책자금은 업력에 따라서 신청기준이 다르니, 홈페이지(www.kosmes.or.kr)에서 정확히 확인 후 신청하면 됩니다.

2 │ 지원 공통사항

☐ (자금용도) 시설자금과 운전자금으로 구분하여 대출

구분	용도	세부내용
시설 자금	설비구입	생산, 정보화 촉진, 유통·물류, 생산환경 개선 등에 필요한 기계 장비의 구입에 필요한 자금
	사업장 건축	자가사업장*확보를 위한 토지 구입비 및 건축 자금 * 범위 : 사업장(공장) 內의 기숙사 등 복리후생 관련 복지시설 포함 * 토지구입비는 건축허가가 확정된 사업용 부지 및 산업단지 등 계획입지의 입주계약자 중 6개월 이내 건축착공이 가능한 경우에 한함
	사업장매입	자가사업장 확보를 위한 사업장 매입(경·공매 포함) 자금(기업당 3년 이내 1회)
운전 자금	기업 경영활동	원부자재 구입, 제품의 생산, 시장 개척, 기술 개발, 인건비 등 기업 경영활동에 소요되는 자금
	약속어음 감축	약속어음 폐지·감축을 위해 대금 지급방식을 현금지급 방식으로 전환하는데 필요한 비용

☐ (융자한도) 중진공 정책자금 대출잔액과 신규대출 예정액을 합산
하여 기업당 60억원 이내(예외사항은 별표2 참조)

☐ (대출금리) 「정책자금 기준금리(분기별 변동)」에서 자금종류, 신용
위험등급, 담보종류, 우대조건(별표4)에 따라 가감

   * (대출이자 환급) 정책자금 대출 후 고용 창출, 수출 확대 등의 성과를 달성한
     기업은 대출이자를 일부 환급(별표4)

☐ (융자절차)

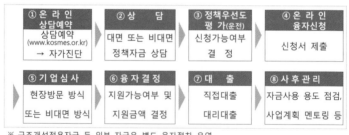

※ 구조개선전용자금 등 일부 자금은 별도 융자절차 운영

중소벤처기업진흥공단 정책자금 *(별첨)중소기업 정책자금 요약 참고

초고수들만 아는 투자의 비법

다음은 2022년도 서울신용보증재단 자금지원현황 내용입니다. **서울신용보증재단의 정책자금도 여러가지가 있으니, 홈페이지(www.seoulshinbo.co.kr)에서 확인 후 신청하면 됩니다.**

자금지원현황

‹ 자금지원 종류   대출금리 ›

(단위: 백만)

자금구분			금리/이자보전	지원계획	접수금액
중소기업육성기금				200,000	4,400
시설자금	시설자금		연 2.3% (분고정성 변동금리)	10,000	2,989
	자산화사업				
	기술형기업도약자금			10,000	540
경영안정자금	긴급자영업 자금		연 2.0% (분고정성 변동금리)	50,000	715
	재해중소기업자금			10,000	156
	코로나19 피해기업자금 (기금)		2.0%	120,000	0
시중은행협력자금				2,050,000	144,798
일반자금	코로나19 경제 활성화 자금	경제활성화 자금	이자보전: 0.8~1.3%	750,000	2,410
		집합제한업종 특례자금 (경제활성화)	이자보전: 1.8%		
	창업기업 자금		이자보전: 0.8%~1.3%	100,000	200
	일자리 창출 우수기업 자금			50,000	135
	포용금융 자금	저신용자 / 이자비용 / 결감대환	이자보전: 1.3%	100,000	0
특별자금	협동조합 등 사회적 경제기업 자금		이자보전: 1.8%~2.3%	10,000	70
	여성고용 우수기업 자금				115
	사회보험가입 촉진 자금		2.3%	20,000	855
	서울형 마이크로크레딧 자금		1.8%(고정금리)	5,000	0
	재기지원자금		이자보전: 1.8%~2.3%	15,000	0
	4무 안심금융 지원자금(일반)		최초 1년간 무이자, 이후 4년간 0.8%	900,000	139,103
	4무 안심금융 지원자금(중저신용)		이자보전	100,000	1,910

* 실제 자금 지원가능 여부는 고객센터(1577-6119) 또는 영업점에 확인 바랍니다.

서울신용보증재단 자금지원현황

이때, 공적자금과 시중은행 자금을 섞어서 받을 수 있기 때문에 적절히 병용하면 됩니다. 만약 10억 원의 대출이 필요하다면 이율이 좋은 공적자금으로 대출 7억원과 일반 시중은행 대출자금 3억 원의 대출을 받아서 진행 가능한 것입니다.

일반 오피스 건물보다 관리가 수월하고 관리비가 저렴하다

지식산업센터는 태생이 아파트와 비슷합니다. 지식산업센터도 아파트처럼 관리사무소가 관리를 담당합니다. 신축건물이 완공되면 시행사에서 관리업체를 지정하여 초기부터 관리를 합니다. 아파트처럼 입주가 거의 차면 입주자대표회의를 구성하여 투명하게 건물을 관리하게 됩니다.

이와 반대로 상업용 빌딩의 관리비는 굉장히 높은 편입니다. 실제 관리비는 경비로 처리할 수 있는 부분이 많아서 겉으로는 임대료를 깎아주면서 관리비를 더 과하게 받는 경우도 있습니다.

부동산 플래닛 조사에 따르면 2021년 기준 강남권 중대형 빌딩의 평균 관리비가 약 32,000원대입니다. 성수동 지식산업센터의 평균 관리비는 약 7,000원대인데 강남과 비교하면 강남이 성수동에 비해서 4.5배 이상 비싼 편입니다.

중소형 빌딩의 경우 청소상태 및 관리상태가 불량한 경우가 있습니다. 그래서 필자처럼 일반 오피스 빌딩을 사용하다가 지식산업센터를 사용하다 보면 관리 측면에서 큰 차이를 느낄 수밖에 없습니다.

지식산업센터에 입주하면 모두 산업용 전기를 쓴다?

지식산업센터 입주 시 일반용 전기를 쓰는 게 아니고, 산업용 전기를 사용하는 걸로 많이 알고 있습니다. 이 부분에 대한 질문을 많이 받아서 제가 직접 산업통상자원부에 문의를 해서 담당자에게 답변을 받았습니다. 산업용 전력 사용은 가능하나 모든 회사가 사용이 가능한 게 아니고 전력사용 요건이 맞는 업체만 가능합니다.

실제 제조설비를 갖추고 제조활동을 하는 경우, 실제 제조설비를 갖추고 제조활동을 하는 구획의 사용자와 동일한 고객이 지식산업센터와 인접한 구획에서 사용하는 사무실은 부대시설로 인정하여 적용이 가능합니다. 결론은 제조업만 가능하다는 뜻입니다.

즉, 제조업체가 아닌 일반적인 섹션 오피스 사무실과 기타 상업용 근생시설, 업무지원시설은 일반용 전력을 사용해야 합니다.

일반 오피스 건물보다 임대료가 저렴하다

지금까지 살펴본 것처럼 지식산업센터가 일반 오피스 건물보다 관리비도 저렴하고 관리상태는 더 우수하고 좋고, 여기에 임대료도 상대적으로 더 저렴합니다.

완공된 지 10년 이내 준신축급, 도보 10분 이내 역세권 기준으로 임대료를 단순 비교해보겠습니다.

강남권의 임대료 분양평당 약 8~10만원대 /
성수동 임대료는 약 4.5~5.5만원

여의도의 임대료는 분양평당 약 6~8만원대 /
영등포 임대료는 약 4~5만원대

비싼 임대료 때문에 강남권에서는 문정, 성수동으로 회사들이 많이들 넘어가고 있고 여의도에서는 영등포 신축급 지식산업센터로 넘어가고 있는 상황입니다.

업무지원시설 및 각종 편의시설이 좋다

[자료 : 성수생각공장_2층 생각담장]

초고수들만 아는 투자의 비법

위 사진들은 성수생각공장 2층에 있는 '입주사 지원시설' 사진들입니다. 성수생각공장 2층은 입주회사를 위한 커뮤니티 시설로 전부 무료로 사용 가능합니다. 다양한 휴게공간, 중정 소나무, 여러 형태의 회의실 등을 무료로 사용할 수 있어서 입주사들로부터 호응이 좋은 편입니다.

성수생각공장_1층 근린상가시설

위 사진은 성수생각공장 1층 근린상가시설입니다. 최근 지식산업센터 1층 상가시설로는 편의점, 유명 프랜차이즈 음식점, 문구점, 유명 브랜드 커피 등이 입점해서 입주사들이 편하게 자주 이용하는 상가로 구성되어 있습니다.

그리고 1층 내부에는 도서관, 전시관, 은행 ATM기기, 우체국 무인 우편물 발송기 등이 있고 지하 1층에는 헬스장, 샤워실 등의 편의시설들도 있습니다.

성수생각공장_1층 근린상가시설

[자료 : 서울숲IT캐슬 옥상사진]

지식산업센터 옥상정원 사진입니다. 필자는 지식산업센터의 가장 좋은 편의시설로 옥상정원을 꼽습니다. 흡연자들은 옥상에서 담배도 태우고, 동료들과 커피 한 잔 하면서 담소를 나눌 수 있는 장소이기도 합니다.

입주할 사무실의 뷰를 철저히 따지는 분들이라면, 이 부분이 중요한 포인트가 될 것 같습니다. 옥상에 올라가 햇빛과 바람도 쐬고 뷰를 감상하기도 합니다. 이렇게 머리를 식힐 수 있고 리프레쉬 할 수 있는 옥상정원은 만족도가 높은 편의시설입니다.

[지식산업센터 대규모 홀/ [출처 : 가산퍼블릭 분양홍보 자료]

위 사진은 2022년 상반기 완공 예정인 현대지식산업센터 가산퍼블릭의 퍼블릭 홀 사진입니다.

각종 기업행사와 신제품 발표회 등 다양한 강연과 이벤트를 위한 400여석의 대규모 홀로 구분되어 있습니다. 지식산업센터 최초의 대규모 홀입니다. 약

400석 규모의 대규모 강연장 및 이벤트 공간으로 사용될 예정입니다. 앞으로의 지식산업센터가 어떻게 변모할지 방향을 예측해볼 수 있는 부분이기도 합니다.

공실률이 낮고 안정적이다
문정, 성수, 영등포 역세권의 경우 보통 지식산업센터는 입주 후 2~3개월 안에 대부분 입주가 마무리됩니다. 이후 5% 이내의 자연 공실률로 유지되는 편입니다.

성수동의 경우 2021년 초에 더리브세종타워, 성수에이원센터, 성수역AK밸리2차, 더스페이스타워, 동진IT타워 등 5개 건물의 입주 시기가 비슷했는데 대부분 3개월 내외로 입주가 거의 마무리 됐습니다. 이처럼 문정, 성수, 영등포 역세권은 입주 물량이 일시적으로 몰리더라도 공실의 위험도가 경기도권 보다 상당히 낮은 편입니다.

경기도의 경우 지식산업센터는 입주 후 6~12개월에 안정화 단계가 들어간다고 보시면 됩니다.
동시에 입주량이 몰리는 경우에는 안정화 단계가 길어질 수 있으니, 꼭 수요와 공급량을 확인할 필요가 있습니다.

지식산업센터의 실입주 회사(5인 이상)들은 대부분 중장기 임차를 선호합니다. 회사를 옮기면 홈페이지 주소, 명함 주소, 사업자 등록증 주소, 법인인 경우 법인 등기부등본 등을 바꾸고 클라이언트 및 거래처에게도 다 연락해야 하기 때문에 상당히 불편합니다.

특히 새로 옮긴 곳이 직원들이 출퇴근 시 무리가 없어야 합니다. 출퇴근 거리가 멀어지면 일부 직원들은 퇴사하기도 합니다. 지식산업센터에 실입주 해서 사용하다 보면 만족도가 높아서 해당 건물에 매물이 나오면 매수하는 경우가 많이 있습니다.

수익형부동산 중 중요한 부분이 임차인의 안정성입니다. 3개월 이상 공실인 경우 매월 대출이자와 월 관리비 등 나가는 돈이 계속 늘어가다 보면 스트레스도 올라가고 멘탈이 흔들립니다.

이런 이유에서 지금 지식산업센터 투자는 뜨겁게 오르고 있는 '불장'이 되었습니다. 하지만 세상에 100% 안전한 투자 자산은 없습니다. 향후 리스크 대비 차원에서도 공실률이 낮고 안정성이 높은 곳에 투자해야 살아남을 수 있기 때문에 이 부분을 충분히 생각해두어야 합니다.

그 외의 지식산업센터의 특장점들

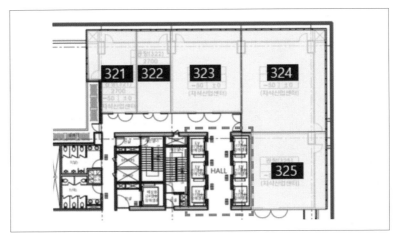

[자료 : 서울숲에이원센터 평면도]

위 사진은 서울숲에이원센터의 3층 평면도입니다. 빨강색 테두리 안이 엘리베이터를 나타냅니다. 엘리베이터 승객용은 총 6대이며, 화물용 엘리베이터도 별도로 있습니다.

코로나19 이후 거리두기로 인해 엘리베이터 보유 대수도 실입주 회사 입장에서는 굉장히 중요한 시설입니다. 최근 지어진 지식산업센터는 일반 오피스 빌딩에 비해 2~3대 이상 엘리베이터가 더 많이 있어서 쾌적성이 높은 편입니다. 엘리베이터가 만약 1~2대에 불과하다면 어떤 불편을 겪게 될지 경험해본 사람은 알게 됩니다. 출퇴근 시, 점심시간, 1층에 내려갈 때 엘리베이터를 타기가 어렵습니다. 그림 8은 성수생각공장 엘리베이터 모습입니다. 승객용은 6

대, 비상용 1대, 화물용 1대를 포함해서 총 8대가 있습니다.

[출처 : 성수생각공장]

지식산업센터는 내부에 생산시설을 설치할 수 있다.

보통 지식산업센터 지하에는 공장설비, 제조, 도소매, 식품 생산공장(해썹, HACCP) 등이 들어올 수 있습니다.

그래서 실제 일반 오피스빌딩을 알아보는 실입주자들도 위와 같은 생산시설이 들어갈 수 없어 지식산업센터로 들어오고 있는 경우가 많습니다.

1. 지식산업센터는 아직은 큰 규제가 없는 시장입니다. 지식산업센터는 수익형 및 업무용의 다각화로 활용가능한 수익형 부동산계의 하이브리드 부동산이라고까지 표현합니다. 지식산업센터는 매월 안정적인 월세가 나오고 또한 업무용으로 사용하다 보니, 불경기 및 부동산 침체가 오더라도 주택 시장과 다르게 등락 폭이 적고 리스크를 헤지(위험 방지)할 수 있는 안정적인 부동산 상품입니다.

2. 지식산업센터를 매수해서 직접 사용하는 실사용자에게는 세금감면 혜택 및 여러 가지 정부 정책 자금 대출이 가능합니다. 세금감면 혜택은 분양받거나 분양권을 매수하는 조건으로 5년간 실사용하면 취등록세 50%감면, 재산세 37.5% 감면 혜택이 주어집니다.

3. 지식산업센터 투자는 뜨겁게 오르고 있는 '불장'이 되었습니다. 하지만 세상에 100% 안전한 투자 자산은 없습니다. 향후 리스크 대비 차원에서도 공실률이 낮고 안정성이 높은 곳에 투자해야 살아남을 수 있기 때문에 이 부분을 충분히 생각해두어야 합니다.

2부

현장에서 배우는 지식산업센터 투자 노하우

문성영이
뜨는 이유와
지금 놓치면 후회할
핵심 투자
노하우는 무엇인가

3장

놓치면 후회하는 지식산업센터 3대 대장(문정,성수,영등포)

어제와 똑같이 살면서
다른 미래를 기대하는 것은
정신병 초기 증세이다.

아인슈타인

예전에는 한 길만 파서 성공한 사람들이 많았다면, 앞으로의 시대는 멀티 플레이어가 살아남게 됩니다. 그럴 수밖에 없는 것이 주변 환경이 빠르게 변하고, 산업 간 재편이 매일 변하기 때문입니다. 내가 하는 일이 여러 가지 조인트되어 시너지 효과를 내면, 그만큼 해당 산업에서 강자로 살아남을 확률이 높습니다.

저는 지식산업센터 컨설팅 일을 시작하며 저의 대기업 업무 경험, 사업 경험 등이 큰 도움이 된다는 것을 알았습니다. 지식산업센터는 단순한 부동산 투자가 아니라 세무와 법률, 유통과 재무 등을 복합적으로 알아야만 최적의 투자 성과를 낼 수 있습니다. 이 때문에 이런 역량을 갖지 못한 분들은 주변 전문가의 도움을 통해서 투자를 하게 됩니다.

저의 경우는 오랜 시간 대기업에서 유통 전문가로 일했던 경험이 투자 흐름을 간파하고 재무 흐름을 파악하는 데 도움을 주었고, 직접 음식점과 파티룸 프랜차이즈 사업을 하면서 사무실을 임차, 임대해본 경험이 지식산업센터 투자에 도움이 되었습니다.

돌이켜보면 저는 삶의 모든 과정에서 항상 변화에 적응하고 발전하려고 애를 썼던 것 같습니다. 단 한 번도, 어제와 똑같은 삶을 살지 않겠다고 다짐한 이후, 하루가 다르게 성장하는 과정 끝에 만난 것이 바로 지식산업센터 투자의 세계입니다. 제 주변에는 어제와 같은 삶을 살면서 더 나은 내일을 기대하는 분들이 많습니다.

하지만 아인슈타인에 따르면 이것은 '정신병 초기'입니다. 변하지 않으면 내일은 없습니다. 이것은 지식산업센터 투자에서도 묵직한 울림을 주는 교훈이기도 합니다.

문정, 성수, 영등포를 주목해야 하는 이유

주식 투자에도 대장주가 있습니다. 국내 주식은 삼성전자가 대장주이고 미국 주식은 애플이 그렇습니다. 지식산업센터에서도 대장이 시장을 리드합니다. 아파트도 강남3구 대장이 시세를 리드하는 것처럼, 지식산업센터도 3대 대장인 문정, 성수, 영등포가 시세를 리드합니다.

그럼 대장주 지역을 하나씩 살펴보도록 하겠습니다.

문정동은 일단 주소가 강남 3구인 송파구에 있어서 전문직 및 규모가 있는 회사들이 선호하는 지역입니다. 강남 접근성이 좋고, 판교 IT밸리와도 가까운 편이며 수서역 SRT도 근처에 있어서 입지적으로도 뛰어난 곳이기도 합니다.

성수동은 필자가 몇 년 전부터 "지식산업센터계의 강남"이라고 외쳐왔던 지역입니다.

입지에서도 서울 동서남북의 중앙에 위치해 있고 삼성동, 청담동, 압구정동이 근처에 있어서 강남 접근성이 좋습니다. 실제 강남쪽에서도 성수동으로 많은 기업들이 넘어오고 있는 상황입니다.

영등포는 최근 뜨고 있는 지역입니다. 필자는 작년부터 '성수동생 영등포'라고 명명했었는데, 그 이유는 영등포도 성수동과 여러가지로 비슷하기 때문입니다.

영등포는 서울에서 준공업지역 중 가장 넓은 면적(전체의 25%, 152만평)을 보유하고 있습니다. 한마디로 개발계획이 여러 가지로 많이 있는 지역입니다.

강남의 큰손들이 주목하기 시작했다.

지난해 연말, 아투연 정규강의에 오신 회원분 중 1금융권 강남지점에서 근무하시는 PB팀장님과 투자 상담을 했던 적이 있습니다. 최근 강남권의 큰손들이 수익형 부동산 중 강남권의 지식산업센터를 주목하기 시작했다는 것입니다. 특히 문정, 성수, 영등포에 대해서 투자하기 시작했습니다.

부동산은 큰손 부자들만 잘 따라가도 평타를 친다고 생각합니다. 수익형부동산의 꽃인 지식산업센터를 이제 강남권의 큰손들이 주목하기 시작했다는 것이 핵심입니다.

필자에게 가장 많이 하는 질문 중 하나는 "문정, 성수 지식산업센터가 얼마까지 오를 것 같냐?"는 질문을 많이 합니다. 하지만 저는 반대로 이렇게 질문하고 싶습니다. 강남의 땅값이 얼마까지 오를 것 같냐, 고 말이죠.

직주근접으로 가치가 오른
'문정 지식산업센터'

문정동 지식산업센터의 탄생
문정지구

문정지구는 송파구 문정동 350번지 일대에 면적 548,239㎡(166,133평)의
대규모 면적으로 개발된 미래형업무지구를 문정지구라고 합니다.
문정지구는 2007년 06월 ~ 2022년 12월까지 사업시행 기간으로 대규모 개
발계획지입니다.

문정지구는 수용방식으로 진행됐으며, 개발 시행자는 SH(서울주택도시공사)
로 공적주체가 토지를 취득하여서 사업 기간이 상대적으로 딜레이 되지 않았
고, 사업시행자의 의도대로 개발할 수 있어서 대지의 정돈도 잘 되있고 깔끔
한 첨단업무단지로 거듭났습니다.

그래서인지 위 지도처럼 문정동은 대규모 수용방식으로 인한 개발사업으로 시작해서 성수, 영등포와 다르게 전체적으로 잘 정돈된 지역입니다.

문정지구 주요계획내용 요약

◎ 미래형업무단지(151,573㎡) 신성장동력산업 관련 업무시설

◎ 법조단지(111,167㎡) 법원, 검찰청, 구치소, 기동대 등

◎ 문정컬쳐밸리(18,772㎡) 문정역~탄천까지 보행축 및 녹지,휴식공간

◎ 기타용지(22,372㎡) 상업용지, 공공지원용지, 유보지 등

◎ 도시기반시설(244,355㎡) 도로, 공원, 녹지 등

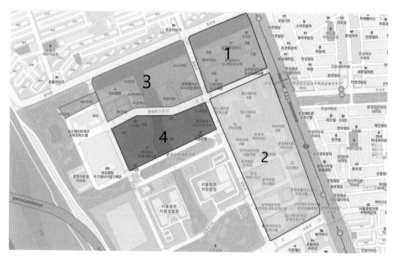

문정동 지식산업센터 섹션 구분

문정동 지식산업센터는 총 4가지 섹터로 구분할 수 있습니다.

1, 2섹터는 문정, 성수, 영등포 중 유일하게 문정역 지하철과 연결되어 있는 지식산업센터들이 있어서 실입주 만족도가 매우 높고 편리합니다.

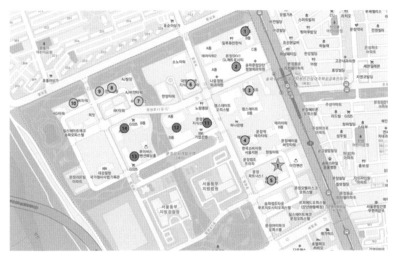

문정동 지식산업센터 표기

위 지도는 문정동 지식산업센터 총 14개를 번호순으로 표기한 것입니다. (2022년 2월말 기준) 별표 모양은 2021년에 마지막으로 분양한 문정역 2차 SKV1을 표기했습니다.

	1 sector
1	송파 테라타워2
2	문정 SKV1 GL 메르로시티

	2 sector
3	엠스테이트
4	문정역 테라타워
5	송파유탑테크밸리

	3 sector
6	문정 대명벨리온
7	수성위너스
8	한스빌딩
9	케이디유타워
10	피엔에스홈즈타워

	4 sector
11	문정 현대지식산업센터 1-2
12	문정 현대지식산업센터 1-1
13	H비즈니스파크 CD
14	H비즈니스파크 AB

준공예정인 지식산업센터
1★ 문정역 SKV1 2차 (24년 1월 준공예정)

문정동 지식산업센터 정리표

문정동 지식산업센터를 섹터별로 정리한 표입니다. 3, 4섹터가 지식산업센터가 가장 많이 몰려 있는 섹터라고 보시면 됩니다.

시군구	지식산업센터명	회사명	준공일	대지면적	연면적	제조면적	부대면적
송파구	KG TOWER	(주)케이지엔지니어링 종합건축사사무소		1,513	14,017	14,017	0
송파구	PNG홈즈타워	(주)파인에스홈즈	2017.4.28	1,332	11,298	10,043	1255.86
송파구	가든파이브웍스	SH공사	2008.10.16	13,354	112,526	84,576	27949.67
송파구	문정 대명베리온	문정대명벨리온 관리단	2016.3.23	6,500	58,861	49,752	9109.57
송파구	문정 에스케이브이원 지엘메트로시티	지엘문정피에프브이 주식회사	2017.12.1	14,688	150,315	105,581	44733.37
송파구	문정 현대지식산업센터 I -1	(주)하나자산신탁	2016.2.29	9,045	84,383	61,739	22643.54
송파구	문정 현대지식산업센터 II -2	(주)하나자산신탁	2016.2.29	8,620	80,629	57,103	23526.03
송파구	문정역 테라타워	국제자산신탁(주)	2016.10.5	17,309	172,748	129,963	42784.98
송파구	문정지구 5-78L 지식산업센터	(주)시재도시개발		1,121	9,994	7,183	2810.91
송파구	송파 테라타워2	한국자산신탁(주)	2017.3.2	14,921	143,730	116,343	27387
송파구	송파유탑테크밸리	(주)유탑건설	2015.12.16	1,580	14,336	10,219	4117.58
송파구	수성 위너스	(주)수성엔지니어링	2017.4.27	1,095	10,618	7,979	2639.57
송파구	에이치비지니스파크	미래문정프로젝트(주)	2017.4.27	8,917	82,422	57,997	24424.98
송파구	에이치비즈니스파크	미래문정프로젝트(주)	2017.4.27	8,801	81,749	58,053	23696.15
송파구	엠스테이트	한국자산신탁(주)	2016.9.1	5,078	49,172	34,430	14741.99
송파구	케이디유타워	케이디기술투자(주)	2016.6.27	1,033	8,904	6,574	2329.8
송파구	한스빌딩	(주)한스 바이오애드	2017.1.9	1,960	17,560	12,347	5212.57

문정동 지식산업센터 현황[출처 : 팩토리온 / 저자 재가공 / 단위 : 평]

2021년 12월말 기준 문정동 지식산업센터 현황자료를 살펴보시기 바랍니다. 문정동은 도시 지역 내 상업지역이라서 준공업지역인 성수, 영등포에 비해서 용적율이 200%정도 더 높습니다. 대지면적도 거의 1,000평 이상이며, 대지면적 1만 평 이상인 건물만 4개가 됩니다.

문정동 지식산업센터 섹터의 총 대지면적 합계는 약 12만 평, 연면적 합계는 약 110만 평에 달합니다.

성수동 연면적 합계 44만평, 영등포 연면적 합계 120만평과 비교해도 단일건물의 크기가 서울에서 가장 큰 지역임을 알 수 있습니다.

문정동은 2008년 문정동의 가든파이브웍스를 시작으로 문정동 도시개발구역을 지정하여 법조단지를 추가 개발하면서 이때부터 지식산업센터들이 들어서기 시작했습니다. 2014~2016년도에 약 3년 동안 10개 이상의 많은 지식산업센터들이 한 번에 입주를 해서 그 당시에는 공실 무덤이라고도 불리기도 했습니다.

필자도 그 당시 문정동 인근인 자곡동에 거주했었는데, 문정동 지식산업센터들의 미분양 광고를 여기저기서 많이 보기도 했고 공실 무덤인 지역이 언제 찰지 걱정이 되기도 했었습니다.

2021년 문정동 지식산업센터 항공사진

2021년도 문정역 지식산업센터를 한눈에 볼 수 있는 항공사진입니다. 건물들이 빽빽이 들어섰음을 알 수 있습니다.

초고수들만 아는 투자의 비법

2008년도 문정역 지식산업센터 항공사진을 보면 비닐하우스가 대부분이라는 것을 알 수 있습니다.

2008년 vs. 2021년 문정동 지식산업센터부지 비교 [출처 : 다음지도]

위 사진을 보면 왼쪽은 2008년도 문정역 인근인데, 보는 것처럼 비닐하우스가 대부분이고, 오른쪽 사진은 지식산업센터가 대부분 들어서 있는 현재의 모습입니다.

처음 몇 년 간은 많이 힘든 입지였으나, 문정도시개발구역에 여러 공공기관이 들어오고 지식산업센터의 인기가 많아지면서 폭등하기 시작했습니다. 문정역 인근 지식산업센터 섹터는 14년 만에 천지개벽한 입지라고 볼 수 있습니다.

문정동 지식산업센터 섹터는 거의 다 넓은 대지 위에 계획적으로 지었고, 용적율이 600%정도 되기 때문에 건물들의 규모도 크고 웅장합니다. 성수, 영등포와는 다르게 대부분 역세권, 신축급 건물로 지식산업센터 중 현재 전국에서 가장 비싼 지역이기도 합니다. 더욱이 문정동은 강남 배후수요가 있고, 판교테크노밸리, 문정법조단지 배후수요도 탄탄한 지역입니다.

초고수들만 아는 투자의 비법

문정동 지식산업센터의 미래가치

부동산은 희소성이 중요합니다. 앞으로 문정동의 지식산업센터 공급부지는 없다고 보면 됩니다.

직주근접 트렌드를 볼 때도 문정동 인근에 송파파인타운, 올림픽훼미리타운, 헬리오시티 등 고급 아파트 주거단지가 인근에 있어서 성수동과 비슷하게 땅값이 올라가니, 앞으로 지식산업센터 평당가도 지속적으로 올라갈 것이라고 봅니다.

문정동 지식산업센터 분양가/매매가 추이				
연도	분양가		매매가	
	가격(만원)	이전대비 신장율	가격(만원)	이전대비 신장율
2014	900		900	
2015	1,100	18%	1,000	10%
2021	2,700	59%	2,800	64%
2022(예상치)			3,100	10%

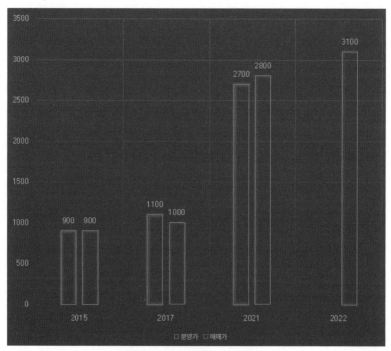

문정동 지식산업센터 분양가/매매가 추이 및 그래프
[출처: 각 분양사 분양자료 / 저자 재가공]

문정동 분양가(2014~2021)

위 그래프에서 먼저 문정동의 분양가를 연도별로 살펴보겠습니다. 2014년
~2016년 동안 평당 900~1,100만원대로 분양 후 2021년에는 2,700만원대로
마지막 분양을 성공적으로 마무리지었습니다.

분양가는 7년 전인 2014년과 비교하면 평당가 1,800만원 이상, 약 300%정도 상승했습니다.

FACT CHECK!

문정동 매매가, 앞으로도 계속 오를까요?

이 질문에 대한 답을 하려면 2014년에서 2022년 사이의 문정동 매매가를 확인해보면 됩니다. 매매가 추이를 보면, 분양가 추이와 비슷한데, 2020년~2021년 동안 급등한 것으로 확인됩니다. 7년 전인 2014년과 비교하면 평당 1,900만 원 이상, 약 310% 이상 상승했습니다.

문정동 지식산업센터는 5년 후 영동대로 복합개발, 2029년에는 잠실 스포츠·마이스(MICE) 복합공간 사업 등 역대급 강남개발 사업들로 수혜를 받는 지역으로 향후 임대료 및 매매가도 지속적으로 상승이 가능하다는 점 참고 부탁드립니다.

2022년 문정동 일반매매는 평균 평당가 3,100만원대 이상도 가능하다고 보고 있는 상황입니다.

성수동 지식산업센터

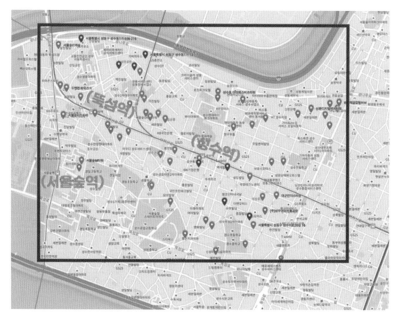

성수동 지식산업센터 요약[출처: 구글지도]

구글지도를 통해서 성수동 주요 입지에 위치해 있는 지식산업센터를 표기한 사진을 보겠습니다. 이중 보라색은 최근 준공된 신축 지식산업센터입니다. 성수동 지식산업센터는 크게 세 가지로 분류할 수 있습니다. 성수역 인근, 서울숲역 인근, 뚝섬역 인근입니다.

위 지도를 다시 8가지 섹터로 나누어서 구분하면 아래와 같습니다.

성수동 지식산업센터 섹터 구분[출처: 다음 지도]

성수동 지식산업센터 표기[출처 : 네이버지도 재가공]

위 지도는 성수동 지식산업센터 총 67개를 번호순으로 표기한 것입니다. 2022년 2월말 기준 별표 모양은 2022년 신규 분양이 예상되는 입지입니다.

No	명칭	No	명칭	No	명칭	No	명칭	No	명칭
1	성수 더 스페이스타워	23	이테타워	39	서울숲휴	47	BY센터 (백염)	58	다리브세종타워
2	롯데IT캐슬	24	서울제일인쇄협동조합 (개인제조공장)	40	서울숲한라에코밸리	48	블루스톤타워	59	JK타워
3	두앤캔하우스	25	원스타워아파트형공장	41	서울숲M타워	49	현대래라스타워	60	무열테크노센터
4	서울숲 L타워	26	삼성아파트형공장	42	서울숲비즈포레	50	아연디지털타워	61	롱림테크룸
5	코오롱디지털타워 3차	27	케이투코리아 (케이투 사옥)	43	영창디지털타워	51	유원지식산업센터	62	m성수아파트형공장
6	서울숲 성임IT밸리	28	이글타운아파트형공장	44	서울숲에이타워	52	성수 SKV1타워	63	대군인더스타운
7	메타모르포	29	한신아크타워	45	신한IT타워	53	서울숲ICT지식산업센터	64	성수AK밸리
8	서울숲 AK밸리	30	선츄리프라자	46	SK테크노빌딩	54	코오롱디지털타워1차	65	성수에이원센터
9	서울숲에이원센터	31	영한디지털타워	40	서울숲한라에코밸리	55	서울숲도림	66	서울숲도림타워
10	동진IT타워	32	성수 우림E-BIZ센터	41	서울숲M타워	56	서울숲한라시그마밸리2차	67	에이스하이엔드성수타워
11	선명스퀘어 (3월 준공예정)	33	에이스성수타워1차	42	서울숲에이타워	57	서울숲한라시그마밸리		
12	낭영디지털타워	34	삼환디지털벤처타워	43	영창디지털타워				
13	상용APT공장	35	생각공장데시앙플렉스	44	서울숲에이타워				
14	서울숲SKV1타워	36	성수SKV1센터 1차 (1동, 2동)	45	신한IT타워				
15	아주디지털타워	37	휴먼대교	46	SK테크노빌딩				
16	지엠프라차	38	테크밸글로벌허브 (분양X)						
17	하우스세종타워								
18	성수CF타워 (23년 준공예정)								
19	서울숲코리아IT센터 (24년 준공예정)								
20	영동테크노타워								
21	성수에이팩센터								
22	성수아이에스비즈타워								

준공예정인 지식산업센터

1★	펠로우타워(미정)
2★	AK밸리 3차(미정)

성수동 지식산업센터 정리표

섹터별로 지식산업센터를 정리한 표입니다. 3, 4섹터가 지식산업센터가 가장 많이 몰려 있는 섹터입니다. 6섹터는 지식산업센터가 가장 적은 섹터입니다.

2022년에 신규 분양예정인 펠로우타워, AK밸리3차는 분양이 불투명한 상황입니다. AK밸리3차는 모 IT대기업이 회사 사옥으로 사용하고자 AK밸리3차 부지를 매입할 수도 있습니다.

이처럼 2022년 이후에 성수동은 신규 공급이 거의 없고 가능성이 있더라도 소위 잘나가는 대기업들이 사옥으로 사용하고자 지식산업센터 예정 부지를 매입하기도 합니다. 정말 성수동은 공급을 늘릴 수 없는 한계가 있는 상황입니다.

성수동 지식산업센터 현황[출처: 팩토리온 자료 재가공 / 단위:평]

*2021년 12월말 기준 성수동 지식산업센터 현황 자료입니다. 성수동 지식산업
센터 섹터의 총 대지면적 합계는 약 6만평, 연면적 합계는 약 44만평에 달합
니다.*

위 자료를 자세히 들여다보면 이미 입주가 지난 것도 '승인'으로만 잡혀 있고
건축 승인상태에서 사업 진행이 불가하여 아직 '승인' 상태로 남아있는 곳도
있으니 참고 데이터로 보면 됩니다. 몇몇 지식산업센터의 데이터 오류가 있는

데 저자가 실제 현장 데이터와 확인 작업 후 수정했습니다.

코로나에도 살아남은 주7일 상권 성수동

2020년 이후 코로나 19 여파로 유동인구가 급감하면서 이태원, 명동, 홍대, 강남 등 서울 인기 상권이 위기를 맞았지만 주7일 상권인 성수동은 예외였습니다. 성수동은 'MZ세대의 핫플레이스'로 떠오른 덕분에 2030 젊은 층 수요가 끊이지 않으면서 전국 유일의 주7일 상권이 되었습니다.

최근 성수동은 40㎡ 상가에 권리금 1억원이 붙는 등 팬데믹 속에서도 공실률이 거의 '0%'대로 이어져 오고 있는 상황입니다.
성수동은 과거의 폐공장, 창고가 있는 곳들을 개성 있는 카페·식당으로 변신시켜서 2030 MZ세대들로부터 인기를 얻고 있으며, 1층 상가 같은 경우 성수동 일대 임대료·지가가 큰 폭으로 오르고 있습니다.

성수의 최대 장점은 다양성입니다. 트렌디한 식당, 인기있는 노포들(대대로 물려 내려오는 점포), 편집샵, 공연, 전시장 등이 한곳에 몰려있어서 한곳에서 이렇게 다양한 경험을 할 수 있는 상권은 성수가 유일합니다. 그래서 과거,현재, 미래를 한 곳에 볼 수 있는 '한국의 브루클린' 이라고 부르기도 합니다.

성수동 상권을 형성중인 면적이 여의도 면적의 2배 가까이로 초대형 상권이기도 합니다. 성수동은 과거 이태원, 가로수길 등과 다르게 '젠트리피케이션(도심에 가까운 낙후 지역에 고급 상업 및 주거지역이 새로 형성되면서 원래의 거주자들은 다른 지역으로 쫓겨나게 되는 현상)'에 대해 구청에서도 지속적으로 노력하고 있고, 지하철역 3개 역을 아우르는 초대형 상권으로 워낙 넓어서 임대료가 폭등할 가능성은 상대적으로 적다고 보시면 됩니다.

위 사진은 성수동 임장 시 필자가 직접 찍은 사진입니다. 실제 필자 역시 주중, 주말에 성수동 유명 핫플레이스를 자주 가는데, 평일 주말 할 것 없이 항상 20~30대 젊은 층들이 많이 있었습니다.

잘나가는 기업들이 모이고 있는 성수동
최근에 IT 대기업, 유망 스타트업이 서울 강남권, 경기도 판교 신도시를 떠나서 성수동으로 몰려들면서 '신흥 업무지구'로도 이름을 날리고 있었습니다.

특히 지하철 2호선 성수역, 뚝섬역, 서울숲역 일대까지 지식산업센터와 인근 오피스빌딩으로 무신사, 쏘카, 비트센싱, 라운지랩, 배틀그라운드 등 스타트업이 몰리고 있는 상황입니다.

성수동 토지가격 및 부동산 가격은 계속해서 오르고 있습니다. 지하철 역에서 15~20분 떨어져 있는 토지가격도 평당 1.3억 원이 넘는 거래도 증가하고 있습니다. (2022년 2월 기준)

성수동의 전망도 매우 밝습니다.

소위 잘나가는 스타트업과 대기업 사옥 이전 증가, 최근 2~3년간 지식산업센터 신규 분양 증가, 고급 하이엔드 아파트(트리마제, 갤러리아포레, 아크로서울포레스트, 서울숲아이파크리버포레) 등의 배후 수요도 증가하기 때문입니다.

또한 아직 미개발된 입도도 많아 향후 성장이 더 기대되는 곳이기도 합니다.

성수동 유동인구와 지식산업센터의 상관관계(성수역)

[출처 : 네이버 성수지도]

위 지도는 20~30대 젊은 층들이 많이 찾는 성수동 핫플레이스를 주로 표시한 지도입니다. 유동 인구가 증가하는 지역은 통상적으로 보통 상권이 더 발달하고 해당 지역에 사무실을 찾는 실입주, 임차인 수요도 많습니다.

그럼 이 유동 인구가 지식산업센터와 어떤 상관관계가 있는지 한 번 알아보겠습니다.

성수동 유동인구 중에서도 상위 2개 지역을 꼽자면 연무장길(카페거리)와 서울숲역이 위치한 아뜰리에길을 꼽을 수 있습니다.

성수동 유동인구 밀집도[출처: 소상공인진흥공단 자료 재가공]

위 지도 자료는 성수동 유동 인구 밀집도(빨강색에 가까울수록 높음) 상위 1, 2위를 표기한 것입니다. 이 내용을 조금 더 자세히 정리하면 아래와 같습니다.

성수역 커피거리 인근 (성수동 2가)
- 유동인구(2019년 4월 ~ 2020년 4월): 약 3,600만 명
- 전년 대비 유동인구: 약 97만 명 증가(2.8% 상향)

서울숲역 아뜰리에길 인근 (성수동 2가)
- 유동인구(2019년 4월 ~ 2020년 4월): 약 2,900만 명

- 전년 대비 유동인구: 약 174만 명 증가(6.5% 상향)

유동인구가 가장 높은 성수역 연무장길(커피거리)은 성수동에서 유동 인구가 가장 많은 곳이기도 합니다. 단순 계산으로 1년에 약 3,600만 명이니 하루에 약 10만 명의 유동 인구입니다.

성수동에서 유동인구가 가장 많은 연무장길(성수 커피거리) 인근 지식산업센터도 한번 알아보겠습니다.

성수역 인근 지식산업센터[출처: 구글 지도 재가공]

위 지도에서 파란색 표기는 기존 지식산업센터이며 보라색 표기는 신축 지식산업센터(더리브세종타워, AK밸리2차, 성수에이원센터)입니다.

유동 인구가 많은 커피거리 인근 지식산업센터들이 성수동에서도 유독 인기가 많다는 걸 알 수 있습니다.

특히 2020~2021년 사이 성수역sk v1타워 인근에 새로운 핫플레이스 맛집들이 많이 생기면서 유동 인구가 많이 증가했습니다. 실제 성수역sk v1타워, 더리브세종타워, AK밸리 2차에서 근무하는 직원들도 사무실에서 약 2~3분만 나가면 핫플레이스들이 많이 있는 입지라서 만족도도 높습니다. 위에 언급한 지식산업센터 건물들은 현재 매매가가 평당 2,700~3,000만원 정도 실거래가로 나오고 있습니다.(2022년 2월 기준)

회사인근에 유명한 핫플레이스들이 많이 있으면 직원 만족도도 좋고, 2030 젊은층들은 특히 이런 위치에 있는 회사들을 좋아할 수밖에 없습니다. 연휴 전날인 금요일에 친구들을 성수동에서 바로 만날 수 있기 때문입니다. 이는 회사 입장에서도 또 다른 차원의 복지로 볼 수 있습니다.

요일별 연령대별로 쪼개서 보기

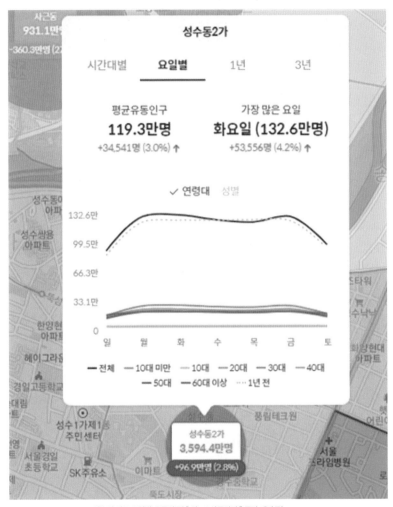

성수역 인근 요일별 유동인구[출처 : 소상공인진흥공단 재가공]

2부. 현장에서 배우는 지식산업센터 투자 노하우

성수역 카페거리 인근 유동 인구를 연령대별로 한 번 살펴보겠습니다.

- 요일별 평균 유동 인구: 약 120만 명, 전년 대비 약 3만 5천 명 증가
  (전년 대비 3.0% 증가)
- 가장 많은 요일: 화요일 약 133만 명, 전년 대비 약 5만 3천 명 증가
  (전년대비 4.2% 증가)

이처럼 성수동이 주목받는 이유는 MZ세대들의 대표적인 SNS 채널인 인스타
그램에 2020년부터 본격적으로 성수동의 유명 카페, 맛집, 팝업 스토어, 갤러
리 등이 공유가 되면서 성수동은 MZ세대들의 성지가 되었기 때문입니다. 연
령대를 보면 20~30대 연령대가 높은데 최근에는 10~20대 연령층의 유동 인
구가 높아지고 있습니다. 역시 10~30대 초반의 젊은 층들이 좋아하는 곳이
성수역 카페거리입니다.

지식산업센터의 메인 고객층 분석
다음으로 지식산업센터의 메인 고객층인 직장인들이 성수역 카페거리 인근
에 어느 정도 있는지 한번 살펴보겠습니다.

먼저 성수동 카페거리 핵심지에서 반경 320미터 데이터만 가져와서 한번 보
겠습니다.

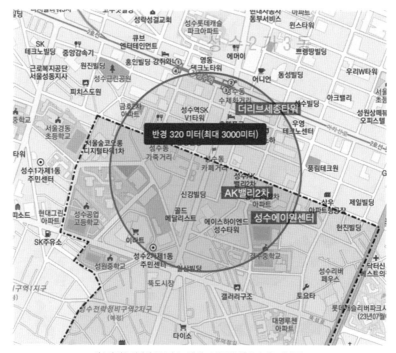

성수역 인근 직장인 근무자수 [출처: 소상공인진흥공단 자료 재가공]

위 지도에서 보듯, 직장인 인구는 대략 7천여 명입니다.

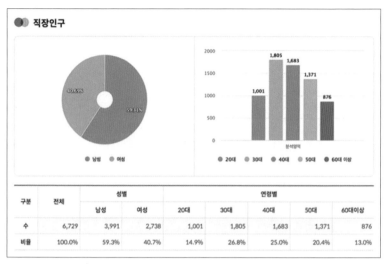

구분	전체	성별		연령별				
		남성	여성	20대	30대	40대	50대	60대이상
수	6,729	3,991	2,738	1,001	1,805	1,683	1,371	876
비율	100.0%	59.3%	40.7%	14.9%	26.8%	25.0%	20.4%	13.0%

성수역 인근 연령대별 직장인 근무자수[출처 : 소상공인진흥공단]

위 데이터는 21년 1~2월경 데이터를 반영한 것이라 현재 입주가 마무리된 더 리브 세종타워, AK밸리 2차, 성수 에이원센터 3총사 입주를 반영하지 못했는데, 직장인 수가 최소 3천여 명은 증가할 테니 올해 상반기에는 직장인 인구만 약 1만여 명 정도로 증가할 것으로 예상됩니다.

유동인구 분석

유동인구를 살펴보면 주중 64%, 주말 36% 비율인 것을 알 수 있습니다. 역시 직장인들이 많이 있어서 주중이 유동인구가 많은 것을 알 수 있습니다. 시간대별로 보면 출근 시간인 06~11시가 가장 유동 인구가 많습니다.

지역	구분	주말/주중 (일 평균)		요일별						
		주말	주중	월	화	수	목	금	토	일
분석영역	명	20,753	36,946	38,505	39,086	39,116	33,949	34,079	23,537	17,970
	비율	36%	64%	17%	17.3%	17.3%	15%	15.1%	10.4%	7.9%

> 시간대별 유동인구

지역	구분	00~06시	06~11시	11~14시	14~17시	17~21시	21~24시
분석영역	명	756	10,416	5,741	6,022	7,249	2,135
	비율	2.3%	32.2%	17.8%	18.6%	22.4%	6.6%

성수역 인근 요일별/시간대별 유동인구[출처: 소상공인진흥공단]

FACT CHECK!

성수동은 정말 공실이 없을까요?

여기서 투자자분들이 가장 많이 하는 질문이 있습니다. 바로 '공실'입니다. 성수동은 정말 공실이 없을까요? 이에 대한 저의 대답은 '확실히 적다'입니다.

직원들이 좋아하는 곳, 최근 유동 인구가 늘어나는 곳, 이런 곳에 지식산업센터가 있다면 공실 위험도 낮고 월세도 잘 받을 수 있습니다. 기존 지산 중 실제 성수역skv1타워 및 카페거리 같은 라인에 있는 CJ 서울숲드림타워는 공실이 없습니다.

실입주 및 임차인 만족도도 높아 일반매매는 거의 없고 임차인도 쉽게 구할 수 있는 지식산업센터입니다.

연무장길(성수 커피거리) 인근 지식산업센터 요약

- 성수동 TOP 1, 2 입지는 전년대비 유동인구가 계속 늘어나고 있습니다.
- 유명한 핫플레이스들이 많이 있으면 직원 만족도도 좋고, 2030 젊은층들은 특히 이런 위치에 있는 회사들을 좋아합니다.
- 부동산에서는 '데이터는 참고만 하고 직접 임장을 통해 확인'해야 확실합니다.
- 기존 TOP 1, 2외에 추가로 유동 인구 및 핫플레이스가 늘어나는 곳은 뚝섬역 인근입니다.

성수동 유동인구와 지식산업센터의 상관관계(서울숲역)

서울숲역 유동인구 밀집도[출처 : 소상공인진흥공단   자료 재가공]

성수동 유동인구 중 2위인 서울숲역(아뜰리에길) 인근을 살펴보겠습니다.

위 지도는 성수동 유동 인구 밀집도(빨강에 가까울수록 밀집도가 높음) 1, 2위를 표기한 것입니다.

서울숲역 아뜰리에길 인근(성수동 1가) 자료를 보면, 정리하면 아래와 같습니다.

- **유동 인구(2019년 4월 ~ 2020년 4월):** 약 2,900만 명
- **전년 대비 유동 인구:** 약 174만 명 증가(6.5% 증가)

최근에 서울숲역 인근에 많은 핫플레이스 맛집들이 생기면서 2020~2021년 사이 유동인구가 많이 늘어났다.

아크로서울D타워에 최근 현대글로비스 본사 입주, SM 엔터테인트먼트가 입주하여 앞으로 TO1 상권인 카페거리 상권을 위협할 대항마로 떠오르는 입지이기도 합니다.

서울숲역 인근 지식산업센터 지도 [출처 : 구글지도 재가공]

서울숲 인근 지식산업센터 동향

분당수인선인 서울숲역은 실제 많은 직장인들이 애용하는 지하철입니다. 출퇴근 시간에 서울숲역에 상당히 많은 직장인들이 출퇴근 하는 모습을 볼 수 있습니다.

그래서 서울숲역 바로 앞에 있는 서울숲포휴, 서울숲한라에코밸리, 서울숲M타워는 공실도 없습니다. 서울숲 포휴는 21년 11월에 평당 3,026만원에 실제 거래가 되었고, 이 외 다른 지산의 매매 호가는 평당 2.700~3,200만원 이상 나오고 있습니다.(2022년 2월 기준)

서울숲역까지 도보로 2~3분내에 도착할 수 있는 서울숲포휴, 서울숲한라에코밸리, 서울숲M워는 직장인들에게도 인기가 많습니다. 또한 사무실에서 약 2~3분만 나가면 핫플레이스들이 많이 있는 입지라서 만족도도 높습니다.

서울숲역 인근 유동 인구(요일별, 시간대별, 연령대별로 쪼개서 보기)

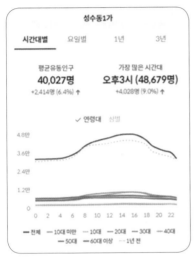
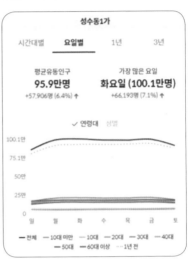

서울숲역 인근 요일별/시간대별 유동인구 [출처: 소상공인진흥공단 자료 재가공]

- **요일별 평균 유동인구:** 약 96만명, 전년대비 약 5만 8천명 증가(전년대비 6.4% up vs. 성수 카페거리 3.0% 증가)
- **가장 많은 요일:** 화요일 약 100만명, 전년대비 약 6만 6천명 증가(전년 대비 7.1% 증가 vs. 성수 카페거리 4.2% 증가)
- 평균 유동 인구 약 4만 명(전년 대비 6.4% 증가)

20~30대 초반의 젊은 층들이 좋아하고 있고 계속해서 유동인구가 늘어나고 있는 서울숲역 거리입니다. 그렇다면 이번에는 지식산업센터의 메인 고객층인 직장인들이 서울숲역 인근에 어느 정도 있는지 한번 살펴 보겠습니다.

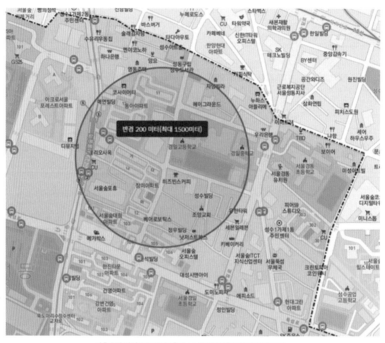

서울숲역 반경 200미터 [출처 : 소상공인진흥공단 자료 재가공]

특히 이 중에서 서울숲역 인근 직장인들은 어느 정도 있는지 반경 200미터 데이터만 가져와서 한번 살펴보겠습니다.

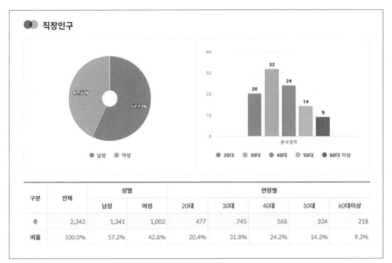

구분	전체	성별		연령별				
		남성	여성	20대	30대	40대	50대	60대이상
수	2,343	1,341	1,002	477	745	568	334	218
비율	100.0%	57.2%	42.8%	20.4%	31.8%	24.2%	14.3%	9.3%

서울숲역 인근 직장인 수 [출처 : 소상공인진흥공단]

위 데이터도 21년 1~2월경 데이터를 반영한 것입니다. 현재 입주한 현대글로비스 본사 및 인근 신규 오피스 입주를 반영하지 못했는데, 2021년에도 직장인 인구가 많이 증가했을 것으로 예상합니다.

지금까지 성수역, 서울숲역 지식산업센터 인근의 유동 인구 및 직장인 인구 증감을 살펴봤습니다.

데이터는 신뢰할 만한 지표이지만 어디까지나 보조적 수단입니다. 데이터에는 드러나지 않지만, 사람이 모이고 흐르는 곳이 어디인지 직관적으로 잘 찾는 투자자가 바로 지식산업센터 고수라고 생각합니다.

에루샤(에르메스, 루이비통, 샤넬)가 선택한 성수동

(위)성수동 샤넬 팩토리 팝업매장 (아래)성수동 루이비통 팝업매장

샤넬, 에르메스, 루이비통 등 3대 명품 행사를 성수동에서 하는 건 그동안에는 전례가 없던 일입니다. 그런데 최근 성수에 이러한 명품들의 이벤트가 많이 생겼습니다.

명품 본사 입장에서도 행사장소 선택이 매우 중요할 텐데, 이들이 성수동을 선택한 이유를 한 번 생각해봅시다.

제 경험에 비추어서 명품이 입지를 선택할 때 포인트가 되는 점 4가지가 있는데 아래와 같습니다.

첫째, 이슈를 만들 수 있는 지역,
둘째, 매출을 드라마틱하게 만들 수 있는 지역(특히 코로나19같은 이런 상황에서 매출이 드라마틱하게 나오면 더 좋은 인사고과 평가를 받기 때문에 오히려 임원들의 눈도장 찍기 좋은 시기),
셋째, 브랜드 이미지를 높일 수 있거나 돈을 썼을 때 홍보 효과가 좋은 곳,
넷째, 연예인, 유명 유튜버, 유명 SNS 셀럽들이 좋아하는 곳

본사 담당자는 이런 지역을 잘 선택해야 회사를 오래 잘 다닐 수 있습니다.

위 4가지 중 첫째부터 넷째까지 모두 해당하는 지역이 바로 성수동입니다. 성수동은 이미 검증된 지역이라서 자신감이 있지만 두 번째인 매출은 어떨까요. 여기에 대해 반신반의 할 수도 있을 것입니다. 2030들이 과연 명품도 구

입할까요? 최근 성수동 언론기사들을 보면 2030 젊은 층들이 많이 모이는 지역이 명품 매출도 나온다는 사실이 보도되었습니다. 명품 매장들이 성수동을 찾는 결정적 이유일 것입니다.

최근 기업들이 실험적 매장을 연이어 오픈하는 서울 성수동은, 코로나로 움츠러든 명동과 가로수길 등 기존 상권과 달리, 유행에 민감한 MZ 세대로 붐비고 있습니다.

'실험하고 싶은 기업은 성수동으로 간다'라는 말이 나오는 이유입니다. 대기업, 명품기업 등 기업들의 팝업 스토어, 쇼룸등이 성수동에서 계속 이어지고 있으니 말입니다.

트렌드 중심지 '성수'

이제는 서울에서 거의 유일한 주 7일 상권으로 남은 성수동은 유명 엔터·게임 회사들도 본사를 이곳으로 옮기면서 '트렌드 중심지'로 자리잡고 있는 것이 확실합니다.

서울 핵심 지역 내에서 주7일 상권은 성수동이 유일합니다. 기존 오피스 밀집 지역인(MBD, Metropolitan Business Districts) 시청, 을지로, 문정, 여의도, 테헤란로 등과 비교하면 주중 야간, 주말, 공휴일에도 유동 인구 증가 및 매출이 일어나는 곳이 성수동입니다.

초고수들만 아는 투자의 비법

큐브엔터테인트먼트, SM엔터테인트먼트, 크래프톤 등 유명한 엔터테인트먼트 회사들과 게임회사들이 속속 성수동으로 이동하고 있고 협력사들도 같이 성수동 지식산업센터로 계속 넘어오고 있는 이유입니다..

5년 후가 더 기대되는 성수동

정확한 비교 대상은 아니지만, 성수동 아파트 평당 가격을 살펴보면, 2022년 2월 현재 성수동의 아파트 평당 가격은 약 4,500만 원대로 형성되어 있습니다. 현재 성수동 지식산업센터의 평당가 평균이 아파트 평당가의 50~60% 수준입니다.

성수동 지식산업센터는 특히 수요는 계속 증가하고 있는데, 공급을 늘릴 수 없는 물리적인 환경 때문에 앞으로도 계속 우상향 가능성이 높습니다.

토지가격, 인건비, 각종 자재비 등이 오르고 있습니다. 성수동은 아직도 저평가 지역인 것입니다.

대한민국 업무와 교통의 중심이 지금 강남과 삼성역으로 집중되고 있습니다. 삼성역은 현대글로벌비즈니스센터(GBC)가 완공되고 지하에는 GTX A,C노선, 위례신사선, 도심공항 터미널 등 영동대로 복합개발이 완공되면 직선거리로 4km에 있던 성수동 지식산업센터로 많은 기업들이 몰려들 것입니다.

성수동은 이제 대규모 지식산업센터가 들어올 수 없습니다. 구도심 지역은 땅 필지가 작은 것들이 많이 있어서 지식산업센터가 들어오기는 어렵습니다.

부동산에서 중요한 진리는 강남 중심과의 물리적 접근성 및 희소성입니다.

5년 후 진짜 강남 중심축은 영동대로 현대차글로벌비즈니스센터(GBC)

GBC 건설에 따른 파급효과		
경제효과	고용창출	세수 증가
264조 8.000억원	121만 5,000명	1조 5,000억원

영동대로 복합개발 [출처 : 현대차그룹]

영동대로 지하공간 개발은 삼성역~봉은사역 630m 구간에 지하 7층, 24만㎡(약 7.2만평)로 개발되는 초대형 프로젝트입니다. 수도권광역급행철도(GTX-A·C노선), 도시철도(위례~신사 경전철), 지하철(2·9호선) 및 버스·택시 환승시설이 들어섭니다. 2026년 말 완공 예정인 삼성동 글로벌비즈니스센터(GBC)와 맞물려 일대 부동산시장에는 메가톤급 호재로 작용할 가능성이 큽니다.

특히 물리적으로 가장 가까운 준공업지역인 성수동에 가장 큰 호재로 작용할 것입니다.

영동대로 복합개발은, 국내 최고 높이(569m·105층)로 지어질 GBC 및 잠실 마이스 사업과의 시너지 등을 통해 국내 최대 지하도시이자 랜드마크로 자리 잡을 것입니다.

영동대로 복합개발과 GBC사업 등이 완료되면 삼성역 일대가 국내 최고 업무·상업·교통의 중심지로 탈바꿈할 것이고 앞으로 진짜 강남은 영동대로가 될 것입니다.

대기업의 1, 2, 3차 협력업체들은 대기업 인근에 몰려 있어야 합니다. 영동대로 인근 임대료가 대한민국에서도 가장 비싸기 때문에 영동대로에서 물리적으로 가장 가까운 성수동으로 올 수 밖에 없습니다. 대기업 협력업체 관계자들은 대기업에서 부르면 바로 달려가야 합니다. 협력업체로 오래 일을 해오신 분들은 이게 무슨 소리인지 단번에 알 것입니다. 그래서 대기업 협력업체들은 물리적으로 최대한 가까운 위치에 있으려고 합니다.

계속 얘기했듯이, 성수동은 지식산업센터를 지을 땅이 이제 거의 없는데 지속적으로 수요층이 몰려오게 되면 당연히 매매가 및 임대료는 상승하게 됩니다.

위 그림에서 본 것처럼 영동대로 복합개발은 경제효과, 고용창출, 세수가 역대급인 대형 프로젝트 사업입니다.

성수동은 영동대로와 물리적으로 4km 거리이며, 자동차로 10분 이내에 도착할 수 있는 입지입니다.

서울 잠실 스포츠·마이스(MICE) 복합공간 조성 사업

성수, 문정 지식산업센터의 또다른 호재는 잠실 스포츠·마이스(MICE) 복합공간 조성 사업입니다. 총사업비가 2조 1672억 원에 달하는 서울 잠실 스포츠·마이스(MICE) 복합공간 조성 사업으로 잠실종합운동장 일대 35만 7576㎡(약 10.8만평) 용지에 2029년까지 전시·컨벤션시설, 야구장, 스포츠 다목적시설, 호텔, 문화·상업시설, 업무시설 등을 조성하는 국내 최대 규모의 민간투자 사업이기도 합니다.

정리하면, 성수동 지식산업센터는 5년 후에는 영동대로 복합개발, 2029년에는 잠실 스포츠·마이스(MICE) 복합공간 사업 등 역대급 강남개발 사업들이 기다리고 있다는 것입니다.

지식산업센터계의 강남 '성수동'

성수동은 '지식산업센터계의 강남'이라고 필자가 몇 년 전부터 유튜브, 강의를 통해서 외쳐왔습니다. 성수동 지식산업센터가 인기 있는 이유를 이번 책에서도 여러 번 강조했지만, 다시 한 번 핵심 포인트만 정리해보겠습니다.

첫째, 기업 측면

성수동은 현재 대한민국에서 잘나가는 스타트업들, 대기업들이 모이고 있습니다. 많은 기업들이 성수동을 선택한 이유는 과거, 현재, 미래를 한꺼번에 경험할 수 있는 대체 불가능한 지역이기 때문입니다. 2030 젊은 대표들 사이에서는 요즘 이런 말이 있습니다. 회사 주소지가 강남에 있으면 약간 올드(?)한

느낌이 들고, 회사 주소지가 성수동이면 주변에서 잘나가는 회사라고 인식하고 있다는 것이죠.

둘째, 주택 측면

최근 3년간 서울 성동구로 이사 온 주민 중에서 강남구 주민이 압도적 1위를 차지한 조사가 있습니다. 강남구 주민이 선택한 가장 중요한 이유를 꼽자면 성수 전략정비구역에 들어서는 고급 아파트들이 강남구 신흥 부호들의 새 주거지로 각광받을 뿐 아니라 성수 지식산업센터 등 양질의 일자리도 꾸준히 늘고 있기 때문입니다.

성수동은 현재 트리마제, 갤러리아포레, 아크로서울포레스트 등 평당 1억 원이 넘는 고급 주거단지가 형성되어 있어서 서울숲, 한강, 신축을 선호하는 강남 부호층들이 서울에서 가장 좋아하는 주거지이기도 합니다.

최근 3년간

성동구 인구 이동 현황은?

주민이 직접 작성한 전입신고서 통계자료를 통한
성동구 인구 이동 분석 결과

전입지 현황(상위 6개구) (단위 : 명)

9,172 — 강남구
5,666 — 광진구
5,336 — 동대문구
4,674 — 중구
4,339 — 서초구
4,294 — 송파구

전출지 현황(상위 6개구) (단위 : 명)

9,681 — 동대문구
8,475 — 광진구
6,930 — 강남구
5,730 — 송파구
4,285 — 중구
4,139 — 강동구

전출입 사유는 주택, 가족, 직업 순 / 순유입은   으로 높아

전입 사유 (단위 : %)

구분	주택	가족	직업	기타	교육	주거환경	자연환경
비율	37.6	24.0	19.9	6.7	6.6	4.9	0.3

전출 사유 (단위 : %)

구분	주택	가족	직업	기타	주거환경	교육	자연환경
비율	43.6	23.7	16.4	6.9	4.4	4.0	1.0

순유입(전입-전출) 사유별 현황

직업 **3.5**%p 증가

교육 **2.6**%p 증가

순유입이 직업, 교육 순으로 높은 이유는

● 일자리 및 지역경제 활성화, 교육여건 개선을 구정 최대 역점사업으로 선정해 추진한 결과
  – 성수동 지역 지식산업센터 유치 확대, 소셜벤처밸리 조성, 전국 최고 수준의 일자리 창출 등
  – 금호고·도선고 신설, 학교교육경비 대폭 증액(25억 → 60억 원), 4차산업혁명체험센터 등 교육 인프라 확충 등

성동구 인구이동 현황[출처 : 성동구청]

최근 3년간 성동구 인구이동 현황을 조사한 자료입니다. 최근 3년간 서울 전체 자치구 중 강남구에서 가장 많이 성수동으로 이사를 왔는데, 가장 큰 이유는 직업, 교육 순이라는 걸 알 수 있습니다.

부동산은 과거부터 현재까지 강남의 부호층이 어디를 선택하느냐가 가격을 많이 움직였습니다. 강남의 부호들이 선택한 성수동의 미래는 서울에서도 가장 밝다고 자신합니다.

부동산 투자를 할 때 개인의 판단에 기대기보다는 거인의 어깨에 같이 올라타는 것이 절대적으로 유리합니다.

셋째, 공급과 수요측면

모든 재화의 가격은 공급과 수요에 따라 움직입니다. 성수동은 지금까지 살펴본 것처럼, 주택, 기업수요층은 강남과 비슷하게 서울에서도 가장 탄탄한 지역입니다. 강남도 땅이 항상 부족하지만, 성수동은 이제 지식산업센터를 지을 부지가 매우 부족합니다. 서울 핵심권 지식산업센터에서는 자주식 주차장을 지을 수 있느냐가 많이 중요합니다.

자주식 주차장을 제대로 만들려면 최소한 땅 대지면적이 500평 이상은 되어야 합니다. 성수동에서는 성수에이원센터(514평), 서울숲동진IT타워(508평)의 대지면적 크기가 마지노선입니다.

성수동은 이제 대지면적 500평 이상을 확보하기가 어려운 지역입니다. 이처럼 공급과 수요측면에서만 봐도 공급은 물리적으로 늘리기가 매우 어려운 지역이 성수동입니다.

앞서 여러 번 밝혔지만, 필자는 성수동 지식산업센터는 아직도 저평가로 보고 있습니다. 서울 한강의 르네상스가 시작될 성수전략정비구역 개발이 시작하면 성수동의 아파트는 평당 1억 원 이상이 될 것입니다. 2022년에 성수동 지식산업센터 평균 평당가가 3천만 원이 된다면 고평가라고 생각하는 사람들이 있습니다. 단순히 아파트와 비교해도 아직도 저평가라고 볼 수 있습니다. 많은 사람들이 평당가 3천만 원이 되면 수익률이 0%, 또는 마이너스이기 때문에 평당가 3천만 원 이상은 어렵다고 얘기합니다. 하지만 저는 아니라고 확신합니다.

다른 지역은 임대 수익률이 중요하겠지만, **지식산업센터계의 강남인 성수동은 실입주 비율이 계속 올라가기 때문에 수익률의 영향을 거의 받지 않습니다.** 또한 성수동은 에셋파킹(Asset parking: 자산(Asset)과 주차(parking)의 두 단어가 합쳐진 자산을 저장하는 수단, 또는 자산 저장고로 일명 부동산 투자의 신조어) 차원에서도 많은 사람들이 들어오고 싶은 지역이기 때문에 영동대로 복합개발이 완공되는 5년후에는 평당가 4천만원 이상도 충분히 가능한 지역입니다.

성수동은 임대료, 매매가 둘 다 지속적으로 우상향 하는 지역이라고 확신합니다. 서울 3대 대장 문정, 성수, 영등포 중 앞으로 진짜 대장은 성수동입니다.

확장 가능성, 성장 가능성을 보더라도 지식산업센터 1등은 성수동이고 앞으로 성수동이 문정동의 평균 평당가를 넘어설 것입니다. 강남의 땅값이 얼마까지 올라갈 것 같은지를 항상 염두해 두고 성수동을 바라보면 됩니다.

성수동 지식산업센터 분양가/매매가 추이				
연도	분양가		매매가	
	가격(만원)	이전대비 신장율	가격(만원)	이전대비 신장율
2015	950		1,000	
2016	1,170	24%	1,200	17%
2019	1,400	16%	1,400	14%
2020	1,600	13%	1,600	13%
2021	2,200	27%	2,650	40%
2022(예상치)	2,800	21%	3,100	15%

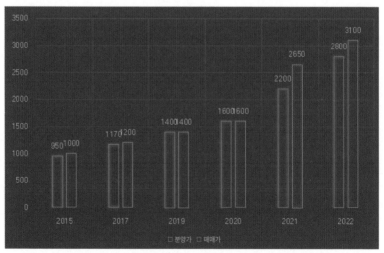

성수동 지식산업센터 연도별 분양가/매매가 추이 및 그래프[출처: 분양가 자료 : 각 분양사 분양자료 재가공]

초고수들만 아는 투자의 비법

성수동 지식산업센터 분양가/매매가 추이 및 2022년 예상

성수동 분양가(2015~2022)

먼저 성수동의 분양가를 연도별로 살펴보겠습니다.

2015년 950만 원, 2017년 1,170만원, 2019년 1,400만원, 2020년 1,600만원, 2021년 2,200만원, 2022년은 2,800만원대로 예상합니다.

분양가는 매년 오르고 있고 7년 전인 2015년과 비교하면 분양 평당가는 약 2천만 원으로 약 300%정도 상승했습니다. 2015년부터 매년 약 10% 이상 분양가가 올라가고 있는 상황입니다. 물론 2020년도부터 급등하기 시작했습니다.

성수동 매매가(2015~2022)

매매가 추이도 분양가 추이와 비슷한데, 2020년 ~ 2021년 동안 연평균 26% 이상 매매가도 급등했습니다. 7년 전인 2015년과 비교하면 평당 약 2천만 원 이상, 약 300% 이상 상승했습니다. 아파트 가격이 많이 오르고 주택에 대한 규제가 심해지면서 실입주 및 투자자들이 2020년 상반기부터 많이 몰려들었기 때문입니다. 또한 코로나19 이후 유동성이 계속 늘고 성수동 땅값도 폭등하면서 지식산업센터의 매매가 가격도 밀어 올렸습니다.

준신축급(10년이내 준공건물), 도보 10분 이내 역세권 기준으로 보자면 2022년에는 평당가 3,100만 원대도 가능하다고 봅니다.

언론에 많이 등장하는 '영등포 지식산업센터'

영등포는 서론에서 설명했듯 최근 뜨고 있는 지역입니다. 영등포는 성수동과 여러가지로 비슷합니다. 서울 준공업지역 중 가장 넓은 면적(전체의 약 33%, 152만평)을 보유하고 있습니다. 한마디로 개발계획이 여러가지로 많이 있는 지역입니다.

2030서울도시기본계획[출처: 2030서울도시기본계획]

2030서울플랜 3도심 중 하나인 영등포

영등포는 2030 서울도시기본계획에 나온 것처럼 서울 3도심(도심, 강남, 여의도, 영등포)의 핵심축 중 하나입니다. 또한 여의도라는 강력한 상업용 오피스 배후수요가 있습니다.

영등포는 성수, 문정의 평당가가 높아지면서 상대적으로 저렴한 영등포로 투자수요와 실입주 수요가 영등포로 몰리면서 일반매매 매물도 없고, 공실도 없어지고 있습니다.

영등포는 성수, 문정의 평당가가 높아지면서 상대적으로 저렴한 영등포로 투자수요와 실입주 수요가 영등포로 몰리면서 일반매매 매물도 없고, 공실도 없어지고 있습니다.

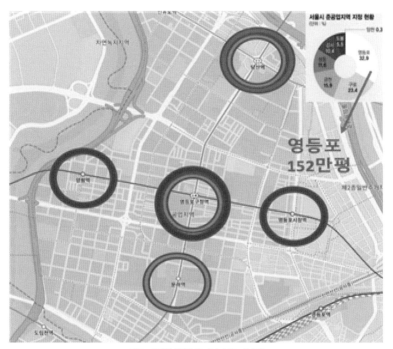

영등포 준공업지역[출처: 네이버지도 재가공]

영등포는 서울에서 가장 넓은 준공업지역 면적(전체의 약 33%, 약 152만평)을 보유하고 있습니다. 특히 구 도심지가 많은 문래역 주변으로 개발계획이 많이 있습니다.

영등포 지식산업센터 입지를 한방에 파악하는 방법입니다. 영등포구청역을 기준으로 총 5가지만 기억하면 됩니다.

위 : 당산역
2호선 + 9호선 급행역이 있는 당산역입니다.

아래, 문래역
영등포구청역 아래에 2호선 문래역이 있습니다.

가운데, 영등포구청역
십자가를 생각하시고 가장 핵심 지역이 가운데에 있는 영등포구청역입니다. 위 그림처럼, 2호선 + 5호선 더블역세권으로 실입주 만족도가 높은 입지입니다.

왼쪽, 양평역(5호선)
영등포구청역 왼편에 양평역이 있습니다.

오른쪽, 영등포시장역(5호선)

영등포구청역 오른편에는 영등포시장역이 있습니다 .

영등포 지식산업센터 현황

영등포지식산업센터는 크게 세가지로 분류할 수 있습니다.

바로 영등포구청역, 당산역, 문래역 인근입니다. 영등포 지식산업센터를 다시 5가지 섹터로 나누어서 구분하면 다음과 같습니다.

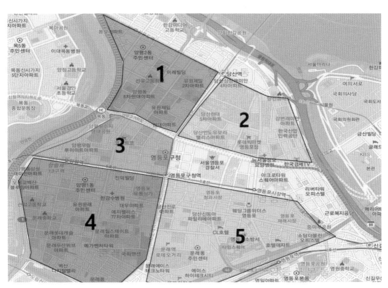

영등포 지식산업센터 섹터구분[출처: 네이버지도 재가공]

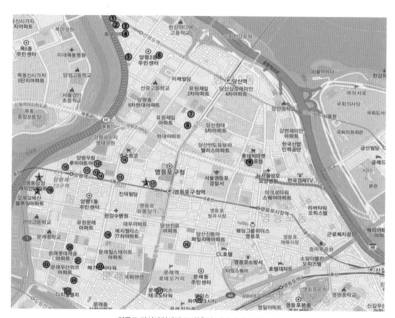

영등포 지식산업센터 표기[출처: 네이버 지도 재가공]

위 자료는 영등포 지식산업센터 총 28개를 번호순으로 표기한 것입니다(2022
년 2월말 기준). 별표 모양은 2022년 신규 분양이 예상되는 입지입니다.

영등포 지식산업센터 정리표

	1 sector			2 sector			3 sector
1	선유도 투웨니퍼스트밸리		9	KnK디지털타워		10	솔버스비즈타워
2	어반 322 (URBAN322)					11	우림 e-BIZ센터 2차
3	선유도 우림라이온스밸리 A					12	임평에이스테크노타워
4	선유도 우림라이온스밸리 B					13	월드메르디앙비즈센터
5	선유도역1차 아이에스비즈타워					14	양평동이노플렉스
6	선유도역2차 아이에스비즈타워					15	에이스하이테크시티3
7	당산 SKV1 센터					16	이엔씨드림타워
8	금강펜테리움 IT타워 당산					17	리드원센터

	4 sector			5 sector			준공예정인 지식산업센터
18	동아프라임밸리		26	문래에이스테크노타워		1★	디스테이트
19	우리벤처타운 2차		27	에이스하이테크시티		2★	C타워
20	에이스하이테크시티 2차		28	센터플러스		3★	하이퍼타워
21	문래 SKV1센터						
22	메가벤처						
23	빅토리테크노타워						
24	문래 하우스디비즈						
25	백산디지털밸리						

영등포 지식산업센터 정리표

위 표는 섹터별로 지식산업센터를 정리한 표입니다. 문래역, 영등포구청역을 기준으로 서쪽인 1, 3, 4섹터가 바로 지식산업센터가 가장 많이 몰려 있는 섹터입니다. 2섹터는 지식산업센터가 가장 적은 섹터입니다.

2022년 영등포의 가장 주목이 되는 신규 분양예정지는 당산역 인근 이화산업부지입니다. 이화산업부지 예상 평당가는 2천만 원 중후반대로 예상하고 있으며 현재 인근 아파트와 조망권 및 일조권 소송으로 분양이 계속 미뤄지고 있었는데, 2022년 상반기에는 분양 예정입니다.

영등포도 2022년 이후에 신규 공급이 거의 없고 성수동처럼 잘나가는 대기업들이 사옥으로 사용하고자 지식산업센터 예정 부지를 매입하기도 합니다. 영등포도 물리적으로 공급을 늘릴 수 없는 한계가 있습니다.

지식산업센터명	회사명	준공일	대지면적	연면적	건축상태
SK V1 center	SK건설(주) 외 1	2015.2.17	3,875	30,192	건축완료
KnK디지털타워	(주)케이티	2012.12.7	3,089	21,062	건축완료
에이스하이테크시티	에이스개발(주)	2007.4.13	2,731	17,994	건축완료
에이스하이테크시티 2	아시아신탁(주)	2014.10.24	2,433	19,121	건축완료
우림e-BIZ센타 II	우림테크(주)	2006.9.21	2,398	15.818	건축완료
문래 skv1 cenetr	한국자산신탁(주)	2019.8.5	2,281	18,285	건축완료
센터플러스	(주)센터인더스트리	2004.4.21	2,278	15,008	건축완료
선유도역 2차 아이에스비즈타워	아이에스동서(주)	2014.11.19	1,778	13,085	건축완료
하우스디비즈	자국자산신탁(주)	2016.5.9	1,689	11.697	건축완료
선유도역 1차 아이에스비즈타워	아이에스동서(주)	2013.5.27	1,659	12,105	건축중
문래동에이스테크노타워	에이스종합건설(주)	2002.6.4	1,620	8,334	건축완료
우리벤처타운II	우원건설(주)	2004.1.20	1,583	12,026	건축중
에이스하이테크3	아시아신탁(주)	2019.6.18	1,566	9,826	건축완료
선유도코오롱디지털타워	코오롱글로벌주식회사	2012.3.23	1,404	12,218	건축완료
월드메르디앙비즈센터	월드벤처개발쓰리(주)	2007.2.14	1,390	9,037	건축중
동아프라임밸리	아시아신탁(주)	2011.11.25	1,112	8,790	건축완료
선유도우림라이온스밸리B	(주)우림휴먼텍	2009.8.7	909	4,697	미착공
트리플레스	(주)삼장홀딩스	201710.1	879	6,559	
양평동이노플렉스	(주)래안디엔씨	2010.1.20	854	6,190	건축완료
센종앤 까유스퀘어	케이비부동산신탁(주)	2019.5.14	821	5,549	건축완료
선유도우림라이온스밸리A	(주)우림휴먼텍	2009.8.7	801	5,444	건축완료
메가벤처타워	(주)조양그린	2005.12.27	798	3,483	건축완료
금강펜테리움IT타워	펜테리움	2010.1.8	737	9,869	건축완료
에이스테크노타워	에이스종합건설(주)	1997.12.3	523	2,809	건축완료
문래동 빅토리테크노타워	태흥개발(주)	2004.10.8	232	1,087	건축완료
솔비스 비즈타워	(주)솔비스	2012.9.5	228	1,695	건축완료
합계			41,967	295,692	
평균		2010년	1,554	10,952	

영등포 지식산업센터 현황(단위:평)[출처: 팩토리온 자료 재가공]

초고수들만 아는 투자의 비법

위 자료는 2021년 12월말 기준 영등포 지식산업센터 현황자료입니다. 영등포 지식산업센터 센터의 총 대지면적 합계는 약 4만평, 연면적 합계는 약 30만평입니다.

영등포구는 당산동, 문래동, 영등포동, 양평동, 도림동이 준공업지역에 있습니다.
영등포는 여의도 금융가와 마포구의 있는 기업들의 이전이 중요한 배후수요이며 위치도 가까이 있어서 여의도의 높은 임대료 및 관리비를 피해서 영등포로 많이 넘어오고 있는 추세입니다. 가급적 시설도 좋은 신축 지식산업센터에 대출을 이용해서 자가로 쓰는 실수요층도 증가하고 있습니다.

한마디로 준공업지역 내 재개발지역의 땅은 굉장히 희소가치가 있습니다.

영등포는 오래된 작은 공장들이 여기저기에 많이 난립해 있고, 주거지역도 섞여 있어서 지식산업센터 부지 확보가 어려운 실정입니다. 영등포 구청에서 거의 준공업지역을 지구단위로 묶어서 토지 개발 허가가 어렵습니다. 그래서 향후 지식산업센터 공급은 적을 수 밖에 없습니다.
또한 중소기업들이 많이 있고 여의도, 마포권역과도 가깝기 때문에 배후수요도 충분하기 때문에 역세권 지식산업센터는 거의 공실이 없습니다. 또 지하철 2호선, 5호선, 9호선 급행이 지나가는 지역이므로 지하철 교통편으로만 본다면 서울 지식산업센터 중 가장 좋은 편입니다.

다만 영등포는 앞으로 재개발로 아파트를 지을 때 준업공지역에는 지식산업센터를 의무적으로 분양해야 합니다. 한마디로 준공업지역 내 재개발지역의 땅은 굉장히 희소가치가 있습니다.

다만 영등포는 앞으로 재개발로 아파트를 지을 때 준업공지역에는 지식산업센터를 의무적으로 분양해야 합니다. 한마디로 준공업지역 내 재개발지역의 땅은 굉장히 희소가치가 있습니다.

재건축 가능성이 높아진 준공업지역 집합건물

준공업지역이 서울에서 가장 넓고, 오래된 구축 집합건물이 많은 영등포의 또다른 호재가 2021년 연말에 나왔습니다.
한마디로 오래된 상가나 오피스텔 등의 재건축이 앞으로 쉬워진다는 것입니다.
정부가 건물 재건축 허가 요건을 완화했기 때문입니다.

이번 개정안에 오피스텔, 아파트형 공장, 상가등 집합건축물 등이 해당되는데, 다행히 지식산업센터도 포함되었습니다.

과거에는 집합건물이 재건축 허가를 받기 위해서는 구분 소유권자 모두의 동의를 받아야 했는데 이번 개정안이 적용되면 80% 이상 지분을 확보하면 재건축도 가능해졌습니다.
이번 건축법 개정안은 2021년 11월 11일에 시행되었는데, 11월 11일 이후 건축

허가를 신청한 건물부터 개정안이 적용됩니다.

FACT CHECK!

호재가 나왔을 때, 어떻게 평가해야 할까?

서울 집값을 혹시나 자극할 수 있어서 현재 민간에서 그토록 요구하고 있는 대규모 재개발, 재건축은 규제로 계속 이어가고 있는데 약간의 정책 효과(?)도 필요한 시점에 그나마 문제가 덜 되는 오피스텔, 아파트형 공장, 상가 등에 대해 규제를 완화한 것이라고 보면 됩니다.

틈새시장 및 풍선효과로 지식산업센터 재건축에는 좋은 호재입니다.

규제의 역설로 인해 어떤 분야에는 이런 규제가 또 다른 기회가 되기도 합니다. 서울 핵심 지역 내 준공업지역에도 땅이 거의 남아 있지 않기 때문에 앞으로도 이런 규제 완화가 앞으로 하나씩 하나씩 더 나올 것으로 예상할 수 있습니다.

땅의 효율성이 좋은 준공업지역 내에 있는 지식산업센터들에게는 앞으로도 좋은 호재들이 이어질 가능성이 높습니다.

서울 도심, 역세권 등의 좋은 입지와 양호한 지역은 계속적으로 가격이 우상향 할 수 밖에 없는 구조가 만들어지고 있습니다. 이처럼 서울에서 준공업지역이 가장 많은 영등포는 떠오르는 해가 될 것입니다. 다만 오피스텔은 1980년대 중반대부터 본격적으로 공급이 많이 일어나서 재건축 연한(30년)을 채운 곳이 많지 않습니다.

지식산업센터(아파트형공장)도 1990년대 이후부터 공급이 일어나서 마찬가지로 재건축 연한(30년)을 채운 곳이 아직 많지는 않습니다. 반대로 재건축 연한에 가까운 구축들이 투자하기 좋은 틈새 시장입니다.

성수, 영등포, 광명, 구로 가산 등의 연식이 30년 가까운 지식산업센터도 이제 재건축 가능성이 높아질 것입니다.

일반 재개발, 재건축 투자처럼 지식산업센터도 이제 대지 지분이 넓은 오래된 구축도 좋은 투자처입니다. 최근 언론에 소개된 상권 핫플레이스 5곳 중 성수, 영등포 상권이 건물 거래도 활발하고 2030 소비가 늘고 있다는 분석이 있습니다.

또한 2022년 상업용 부동산 시장은 오프라인 상권이 부상하고, 도심 물류센터가 진화하는 현상이 두드러진다는 전망도 있습니다.

성수동, 영등포에도 쿠팡, 배달의민족 등 이커머스 업체들의 지역거점 물류센터들이 하나 둘씩 생기고 있는데, 2022년에도 물류창고 부지가 인기가 있을 것입니다.

영등포 지식산업센터 분양가/매매가 추이				
연도	분양가		매매가	
	가격(만원)	이전대비 신장율	가격(만원)	이전대비 신장율
2015	750		800	
2017	1,000	25%	1,000	20%
2019	1,250	20%	1,300	23%
2020	1,400	11%	1,450	10%
2021	1,900	26%	1,900	24%
2022(예상치)	2,200	14%	2,300	17%

영등포 지식산업센터 연도별 분양가/매매가 추이 및 그래프 [출처: 각 분양사 분양자료 재가공]

영등포 분양가(2015~2022)

먼저 영등포의 분양가를 연도별로 살펴보겠습니다.

2015년 750만 원, 2017년 1,000만 원, 2019년 1,250만 원, 2020년 1,400만 원, 2021년 1,900만 원, 2022년은 평균 2,200만 원대로 예상해볼 수 있습니다.

분양가는 매년 오르고 있고 7년 전인 2015년과 비교하면 분양 평당가는 1500만 원으로 약 300%정도 상승했습니다.

영등포도 성수와 비슷하게 2015년부터 매년 약 10% 이상 분양가가 올라가고 있고, 2020년도부터 급등하기 시작했습니다.

영등포 매매가(2015~2022)

매매가 추이도 분양가 추이와 비슷한데, 2020년~2021년 동안 연평균 17% 이상 매매가도 급등했습니다.

매매가 추이도 분양가 추이와 비슷한데, 2020년~2021년 동안 연평균 17% 이상 매매가도 급등했습니다.

7년 전인 2015년과 비교하면 평당 1500만 원 이상, 약 300% 이상 상승한 셈입니다.

영등포도 아파트 가격이 많이 오르고 주택에 대한 규제가 심해지면서 실입주 및 투자자들이 2020년 상반기부터 많이 몰려들었기 때문입니다. 특히 문정동, 성수동 지식산업센터의 가격이 많이 올라가면서 상대적으로 가성비가 있는 영등포로 많이 몰리기도 했습니다.

최근 가장 강세를 보이고 있는 지역이 영등포입니다. 영등포도 실입주 비율이 높아지고 있고 안정적인 임대도 가능하며, 아직도 임대수익률 5~10%대로 볼 수 있는 지역이기도 하며, 시세차익 측면에서도 우상향이 가능한 지역입니다. 영등포는 준신축급(10년 이내 준공건물), 도보 10분 이내 역세권 기준으로 2022년에는 평당가 2,300만 원대도 가능하다고 봅니다.

여기서 잠시, 2021년 한 해 동안 문정, 성수, 영등포 지식산업센터 현장에서 실제 겪은 내용들을 정리해보겠습니다.

지난 2021년 한 해 동안 문정, 성수, 영등포, 구로에서 점점 중대형 평형대의 지식산업센터가 인기가 많아지고 있으며, 실수요도 증가하고 있는 상황입니다. 이걸 아는 건 정말 중요한데, 앞으로 지식산업센터 투자의 흐름과 방향을 예측할 수 있기 때문입니다.

최근 서울권 현장에서 체감한 부분들을 여러 포인트로 나누어 왜 지식산업센터에서 중대형 평형대의 인기가 많아지고 있는지 해외 사례와 국내 사례를 통해 한 번 분석해보겠습니다.

역세권 중대형 평수 인기가 높아지는 이유

매일경제 기사에 따르면, 지금 전세계 디지털 세상을 지배하는 미국 빅테크 기업인 마이크로소프트·애플·페이스북·알파벳·아마존(MAFAA)이 뉴욕 맨해튼의 사무실 보유면적이 지난 12년간 30배 이상 늘었다고 합니다. 지금 전 세계 온라인 베이스 기업들도 결국 오프라인에 사무실을 많이 확보하고 있습니다.

미국 빅테크 기업인 마이크로소프트·애플·페이스북·알파벳·아마존(MAFAA)이 사무실을 계속해서 추가로 확보한 이유는 코로나19로 인해 직원들이 원격 근무를 하고 있어도 사업이 엄청 빠르게 성장하고 있기 때문에 신규 직원들이 근무할 장소가 필요하기 때문입니다.

위 표에서 처럼 대기업 및 외국계 기업같은 경우도 쾌적한 사무공간 및 공용공간, 복지시설 등에 점점 더 신경을 많이 쓰고 있는 상황입니다.

미국 빅테크 기업 모습(왼쪽부터 미국 빅테크 기업인
마이크로소프트·애플·페이스북·알파벳·아마존(MAFAA)의 사무실)[출처: 구글 이미지]

신축 건물들의 트렌드 : 높은 층고, 채광이 좋은 공간

높은 층고와 채광이 좋으면 대기업과 외국계 기업 실입주사들의 만족도가 높습니다. 신축 건물들의 건축주 및 시행사도 가급적 층고가 높고 채광이 좋은 공간을 만들기 위해 노력하고 있습니다.

서울권 오피스 및 지식산업센터의 경우 최근 짓는 건물들도 이러한 형태가 많아지고 있습니다. 지식산업센터 같은 경우 이렇게 높은 층고, 외부 테라스, 채광이 있는 공간을 만들기 위해서는 적어도 대지면적 1,500~2,000평 이상에 연 면적으로는 1만 평 이상 확보해야 수월하게 건축할 수 있습니다.

고객이 왔을 때, 층고가 높고 채광이 좋은 건물은 첫 이미지부터 좋은 이미지를 보여줄 수 있기 때문입니다. 우리나라에서도 대기업 및 외국계 기업 같은 경우 쾌적한 사무공간 및 공용공간, 복지시설 등에 신경을 많이 쓰고 있습니다. 층고가 높을 경우, 직원들의 업무 생산성 및 창의적인 아이디어가 더 나온다는 연구 결과도 있듯, 가급적 층고가 높은 사무실을 더 선호하는 것입니다.

성수생각공장 1층 로비

초고수들만 아는 투자의 비법

고급인력 확보가 가장 중요
물고기도 모이는 곳에 모인다!

뉴욕 맨해튼과 성수동의 공통점은 소위 뜨고 있는 지역에 본사(사무실)를 가지고 있어야 해당 분야의 최고의 인력을 확보할 수 있는 가능성이 높다는 점입니다.

실제 기업 오너 및 CEO들은 사무실을 알아볼 때 임대료, 기타 시설보다는 '인재 확보'에 더 중점을 두고 있는 게 요즘 추세입니다. 물고기도 모이는 곳에 모이는 것처럼, 소위 잘나가는 기업들의 고급 인력들도 가급적 뜨고 있는 지역에 많이 모이는 것입니다.

왜 이런 현상이 발생하는지 가만히 생각해보면, 어느 분야든 공통적인 현상이라는 걸 알 수 있습니다. 사람의 심리는 비슷해서, **다른 사람들이 더 많이 선택하는 것에 항상 몰립니다.** 일례로 결혼 정보 업체의 경우도, 업계 불황이라고는 하지만 잘 되는 업체는 항상 잘 되고 있는 상황입니다. 승자 독식 구조입니다.

특히 인재 채용의 경우, 글로벌 기업이나 한국기업들 중 투자받은 회사들이 특히 직원들을 많이 뽑고 있습니다. 한국 같은 경우도 투자받은 회사들이 일반 기업들보다 약 10배 정도 더 직원들을 뽑은 조사 결과가 있습니다. (아래표 참고)

상위	기업명	업종	사업특징	고용현황 ('21년 6월말)	'20.6월말 대비	
					증가	증가율
1	(주)크래프톤	게임	온라인게임	1,298명	+580명	+80.8%
2	넷마블에프엔씨(주)	게임	모바일게임	700명	+431명	+160.2%
3	(주)오아시스	유통/서비스	마트체인, 신선식품 배송	693명	+229명	+49.4%
4	(주)브랜디	ICT서비스	쇼핑 큐레이션 모바일 앱	441명	+195명	+79.3%
5	(주)지바이크	유통/서비스	전동킥보드 공유서비스	165명	+153명	+1,275.0%
6	(주)엔픽셀	ICT서비스	게임 개발	402명	+149명	+58.9%
7	(주)워시스왓	유통/서비스	맞춤형 세탁서비스	298명	+132명	+79.5%
8	더화이트 커뮤니케이션(주)	ICT서비스	고객관리 솔루션 개발	338명	+120명	+55.0%
9	두나무(주)	ICT서비스	암호화폐 거래소	256명	+109명	+74.1%
10	(주)코핀커뮤니케이션즈	유통/서비스	이모티콘, 웹툰 제작	187명	+105명	+128.0%

〈 '21년 상반기 벤처투자 받은 기업 중 '20.6월 말 대비 고용증가 상위 10개 사 현황 〉

'20.6월 말 대비 전체 고용증가(+9,924명) 대비 상위 10개사 증가(+2,203명) 약 22.2%

고용증가 상위 10개사 현황[출처: 벤처스스퀘어]

보통 벤처기업들은 기업당 평균 약 2명 정도 직원을 뽑았는데, 기업가치가 높고 투자 받은 회사들은 일반 벤처기업과 비교해서 약 140배 이상 더 직원들을 뽑은 것이 특징입니다. 실제 필자가 현장에서 사무실을 구하고 있는 대표님들과 상담을 할 때 가장 큰 이슈는 고용증가로 인해 큰 대형 평수로 이사해야 하는데, 현재 중대형 사무실 구하는 게 어렵다는 것입니다.
게다가 직원들의 요구사항들도 하나둘씩 많아지고 있습니다.

예를 들어, 어떤 직원은 지하철이 무조건 가까워야 한다고 합니다. 어떤 직원은 건물에 흡연 공간이 꼭 있어야 한다고 하고, 또 다른 직원은 무조건 주차가 잘 돼야 한다고 말하기도 합니다. 또 어떤 직원은 뷰도 잘 나오고, 채광도 좋고, 층고도 높은 걸 선호합니다.

이처럼 직원들 각자의 요구사항들이 많은데, 이런 요구사항을 다 맞출 수 있는 공간이 현재 강남역, 테헤란로, 성수, 문정 등에는 거의 남아 있지는 않은 상황입니다. 기업에서는 펀딩으로 투자받아서 돈은 넉넉히 있는데 직원들의 요구사항을 맞출 수 있는 중대형 평형대의 사무실이 없는 게 바로 현실입니다.

금융이나 IT 쪽만 봐도 판교, 여의도, 강남 쪽은 중대형 평형대 구하기가 정말 어렵습니다. 반대로 공실이 없으니, 임대료가 점점 높아지고 있습니다. 강남권에서도 가장 고가의 임대료를 내야 하는 잠실 롯데월드 타워도 오픈 4년 만에 최근 오피스 100% 임대를 달성했습니다.

코로나 이후 더 넓은 공간을 찾는 수요 증가

투자자들의 최대 고민은 보유한 사무실 면적을 어떻게 효율적으로 활용해서 최대로 임대료를 뽑아내느냐입니다. 마찬가지로 일반 기업 오너들의 최대 고민은 직원들의 생산성을 어떻게 최대로 뽑아내느냐가 중요합니다.

생산성 측면에서도 사무실 공간이 중요한 부분을 차지합니다. 직원들의 편의시설 및 생산성을 높이기 위해서 더 큰 공간을 확보하는 게 현재 가장 큰 이슈라고 볼 수 있습니다.

사무공간 역시 코로나19 이후 오히려 인당 필요한 면적이 더 늘어나서 실제 성수, 문정, 영등포, 구로가산, 여의도 등도 실사용 면적 30평대 이상은 사무실 수요가 많이 늘어났고 공실도 거의 없는 상황입니다.

모든 회사들이 공용공간, 복지시설 등도 직원 복지 차원에서 신경을 많이 쓰고 있습니다. 미국의 경우 현재 인당 사용면적이 약 4~6평 정도인데, 크게는 10평까지 증가할 것으로 많은 전문가들이 예상하고 있는 상황입니다. 한국도 실제 코로나 이후 인당 필요한 면적이 늘어나서 사무실 면적을 크게 찾는 수요가 늘고 있습니다.

아파트, 오피스텔도 중대형 평형대가 인기
-결국 공급과 수요의 불일치

2021년부터 아파트, 오피스텔도 중대형 평형대가 인기를 끌고 있습니다. 여러 가지 이유가 있겠지만 가장 큰 이유 딱 2가지만 보면 다음과 같습니다.

첫째, 지식산업센터 중대형 사무실처럼 공급이 수요보다 적습니다.
둘째, 코로나19 이후 최근 트렌드는 관광지나 인구가 밀집되는 여행지보다는 프라이빗하게 쉴 수 있는 캠핑족들이 늘고 있습니다. 그래서 집안에서도 캠핑용품이 잡아먹는 공간인 서브 룸 정도의 공간이 필요한 것입니다. 또한 집에 있는 시간이 늘어나면서 더욱 넓은 공간에 거주하려는 수요가 늘고 있습니다.

어떤 분들은 이런 라이프스타일의 변화를 아무렇지 않게 생각할 수 있지만, 저는 이런 것이 투자에 큰 영향을 끼치는 중요한 변수라고 봅니다. 바로 이런 변화로 투자의 통찰력이 생기기 때문입니다.

통찰력이란 비슷하게 움직이는 패턴을 파악하고 사물을 꿰뚫어 보는 능력입니다. 중대형 평수 선호 현상이 아파트에 나타나고 있다면, 나아가 아파트의 투자 패턴을 따르고 있는 지식산업센터에도 적용되리라는 예측을 해볼 수 있습니다.

특히 서울권의 지식산업센터 매매가 추세는 결국 지식산업센터 인근에 있는 땅 > 아파트 > 지식산업센터 순으로 비슷하게 움직이고 있습니다.

땅값 상승 -> 아파트 매매가 상승 -> 지식산업센터 매매가 상승

지금까지 중대형 평형대의 인기 있는 이유를 글로벌과 한국 시장을 비교하면서 알아봤는데, 실제 현장에서 느끼는 부분과 매우 비슷하게 움직이고 있습니다. 많은 분들이 코로나 이후, 위드 코로나 시대의 지식산업센터 사무실 트렌드가 어떻게 움직일지 궁금해 하십니다. 저는 이러한 라이프스타일의 변화를 눈여겨보고 통찰력을 길러 투자한다면, 성공적인 투자를 할 수 있다고 확신합니다.

중대형 평형대의 인기 있는 이유 요약!

- 글로벌기업들도 결국 유한 자원인 '땅(사무실) 확보'에 총알을 쓰고 있다.
- 온라인 베이스의 기업들도 결국 돈을 번 후 오프라인으로 확장을 한다.(와디즈, 무신사 등)
- 서울/경기 핵심권 물류창고 부지는 유망 투자처(경공매, 급매 등 총동원해서 땅 확보하기)
- 층고 높고 채광이 좋은 사무실을 임차인들이 선호
- 잘 나가는 기업들의 최대 고민은 고급인력 유치 -> 대도시에 있어야 인재 구하기 쉽다.
- 코로나 이후 인당 필요한 면적은 오히려 더 늘어남
- 더 넓은 공간을 사용하고자 하는 인간의 욕구에 초점을 맞추면 어디에 투자할지 보인다.
- 글로벌 트렌드를 통해 국내 지식산업센터 사무실 트렌드의 변화를 예측해보자.

서울 오피스 시장의 위상과 경쟁력 진단

향후 지식산업센터 투자의 힌트를 얻을 수 있는 자료가 있습니다. KB 금융지주 경영연구소에서 발간한 자료 한 부분을 참고해서 향후 오피스 시장 안에서 지식산업센터의 성장성을 예측해보도록 하겠습니다.

불과 1년 전에 성수, 문정 지식산업센터 평당가가 2천만 원에 육박할 때만 해도 거품 논란이 있었습니다. 1년이 지난 지금 시점에서는 3천만 원에 가까이 진입하고 있습니다(준신축급, 역세권 기준)

서울 지식산업센터 매매가 움직임을 유심히 살펴보면 성수, 문정(강남권역)-> 영등포(여의도권역)->구로/가산 순으로 매매가가 움직이고 있다는 걸 알 수 있습니다.

서울 오피스 전체 시장에서 아직은 지식산업센터가 차지하는 규모도 작고 국내외적으로 많이 알려지지 않은 부분이 있지만 향후에는 '경쟁력 있는 오피스 시장'이 될 것이라고 필자는 확신하고 있습니다. 2021년 1분기 오피스 투자시장 총 거래 규모는 전년 동기 대비 52% 증가한 3조 8,600억 원으로 역대 1분기 최고치를 경신한 상황입니다.

지식산업센터의 특장점은 일반 오피스에 비해서 주차 편의성, 공용공간, 옥상 정원, 오피스보다 낮은 임대료 및 관리비, 1층 상가 편의시설 등 실입주 편의성이 뛰어나서 아직도 저평가된 오피스 상품이라고 생각합니다.

현재 지식산업센터 평당가를 판단할 때 단순히 과거 시세와 처음 분양가 시세대비 얼마가 올라서 거품이라고 생각하지 말고, 전체 오피스 시장에서 지식산업센터의 경쟁력을 봐야 정확한 가치 판단을 할 수 있습니다.

아래 표를 보면 부동산 사이클의 큰 움직임 속에 지식산업센터 시장도 일반 오피스 시장과 맞물리면서 어떻게 움직일지 예측해볼 수 있습니다.

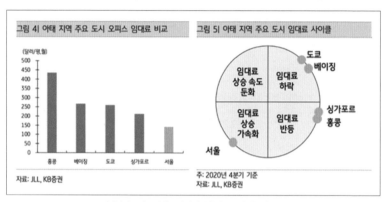

아태지역 오피스 임대료 및 사이클[출처: KB금융지주연구소]

조선 시대 집값, 200년간 명목가격이 1600배 상승

통찰력은 꼭 오늘날 투자에만 국한되지 않습니다. 한국이라는 나라의 특성을 알기 위해서는 저 멀리 조선시대 때부터 우리의 부동산 시장이 어떻게 형성되어 왔는지를 살펴볼 필요가 있습니다. 이번에는 조선시대의 강남인 한성부 중부(인사동 부근)의 땅값 추이를 한번 살펴보도록 하겠습니다.

조선 건국 이후 한양(서울)은 지금처럼 꾸준한 인구 증가로 땅이 부족해지면서 세종 때부터 집 부족 문제가 심해졌습니다. 공급이 수요에 미치지 못했던 것입니다. 당시의 강남은 지금으로 치면 인사동 부근입니다.

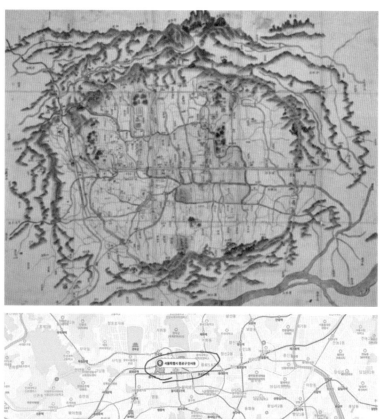

한양 정선방 지도[출처: 서울시 고문헌 자료]

2부. 현장에서 배우는 지식산업센터 투자 노하우

정약용의 교훈
절대 서울을 떠나지 말아라!

우리가 알고 있는 정약용은 실사구시를 실천했던 선비로 알려져 있습니다. 당시 정약용은 이미 서울의 가치를 알고 자녀들에게 편지를 남길 정도였다는 사실을 알고 계십니까. 강진으로 유배를 간 정약용은 폐족이 된 자녀들에게 걱정이 담긴 편지를 많이 남겼는데 그중 '서울을 절대 떠나지 말라'고 당부하는 편지가 지금도 많이 회자되고 있습니다. 그중 한 대목을 옮겨보겠습니다.

"지금 내가 죄인의 처지여서 너희들에게 아직은 시골에 숨어서 살게 하고 있다만, 앞으로의 계획은 오직 서울로부터 10리 안에서만 살도록 하는 것이다. (중략) 서울을 한번 멀리 떠나면 영영 다시 돌아오지 못하게 된다."

-유배지에서 보낸 편지 중에서

다산 정약용 선생이 서울을 떠나지 말라고 강조한 이유가 꼭 부동산 때문만은 아니었습니다. 당시의 한양은 문화예술(성수, 영등포)과 문명의 중심(강남, 여의도, 광화문)으로 지금의 서울이나 마찬가지였기 때문입니다.
즉, 당시 정약용 선생은 조선 시대부터 문명의 중심이고 일자리(지식산업센터)가 풍부한 한양(서울)에 큰 의미를 부여했고 이러한 흐름은 그로부터 400~500년이 흐른 지금의 흐름과도 큰 차이가 없습니다.

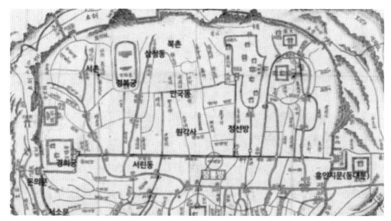

한양 장통방 지도[출처: 서울시 고문헌 자료]

위 그림을 보면, 한성부 중부 장통방(장통방은 지금의 종로3가역 근처)의 가옥매매 사례를 확인할 수 있습니다. 1690년(숙종16년)에 160냥이었는데, 1871년(고종8년)에는 무려 1600배가 상승한 2500냥에 거래가 된 것을 볼 수 있습니다.

200년 동안 무려 1600배가 상승한 것입니다.

역사는 되풀이됩니다. 조선시대에도 서울의 땅 부족과 집값의 고공 행진으로 부동산 문제는 항상 있었고, 임금님과 조정의 심각한 문제였습니다. 오늘날 풍경과 그리 다르지 않다는 걸 알 수 있는 대목입니다.

그렇다면 시점을 다시 현재로 돌아와서 판단해보겠습니다. 과연 10년 전과 지금, 서울의 가치는 얼마나 올랐을까요. 10년 전 성수동 A급 지식산업센터의 평당가는 900만 원대였습니다.

당시 분양한 성수동 초역세권 A급 지식산업센터 중 하나인 '서울숲삼성IT타워' 분양가가 평당 900만원이었는데, 현재 시세는 300%가 오른 2천만 원 후반대입니다.

지난 500년간 문화예술(성수)과 문명의 중심(강남, 여의도, 광화문)이었던 서울에서 성수, 영등포, 문정동 지식산업센터의 20~30년 뒤 미래도 과거 500년간 서울의 중심이었던과 비슷하게 흘러갈 것으로 예상해볼 수 있습니다. 땅은 매우 유한한 유한자원이니, 우리나라도 향후 해외 글로벌시티처럼 용적율 1000% 이상도 가능한 상황입니다.

지식산업센터 투자에 있어 시점을 200년 전으로 거슬러 올라가면서까지 이런 얘기를 드리는 이유는 투자에 있어서 원리와 패턴이 반복됨을 알려드리기 위해서입니다. 바둑에서는 복기라는 개념이 있습니다. 한 번 두고 난 바둑의 판국을 비평하기 위하여 두었던 대로 다시 처음부터 놓아 보는 것입니다.

우리가 지식산업센터 투자를 할 때 과거를 거슬러 올라가보는 것이 이러한 복기에 해당합니다. 과거가 미래를 완벽하게 예측할 순 없지만, 어떠한 흐름으로 흘러왔는지를 파악하는 단초가 되고 이는 역사적 흐름에서 항상 반복되어 왔기 때문입니다.

재능을 가진 상대를 넘어서는 방법은 노력뿐입니다. 우리보다 더 많은 돈과 인맥, 지식을 갖춘 자산가들을 이기는 방법은 노력뿐입니다. 더 많이 집중하고 더 많이 생각하는 수밖에 없습니다. 다행히, 바둑에서 복기를 하듯, 우리에게도 승리를 위해 복기라는 훌륭한 수단이 있습니다. 바둑왕 이창호가 했던 말을 다시 떠올려봅니다.

승리한 대국의 복기는 "이기는 습관"을 만들어주고
패배한 대국의 복기는 "이기는 준비"를 만들어준다.

지식산업센터 투자에서 2021년 상반기는 특히 뜨거운 불장이었습니다. 이 때문에 빠른 의사결정이 중요했습니다. 지금은 복기의 순간입니다. 2021년 선택했던 의사결정 순간을 복기하면서 2022년은 더욱 정확하고 객관적이고 현명한 투자를 해야 할 것입니다.

서울 오피스 시장의 위상과 경쟁력

1. 서울 상업용 부동산 시장은 투명성 순위와 경쟁력 향상 UP

2. 투명성 지수 순위가 상승하면서 서울은 신뢰할 만한 부동산 시장으로 부상하는 중

3. 서울 오피스 임대시장은 아시아태평양 지역에서 경쟁력을 갖추고 있는 것으로 평가

4. 서울은 글로벌 임차인이 선호하는 여건을 갖추고 있음에도 타 도시 대비 임대료는 낮게 형성

5. 임대료에 기반해 자산 가치가 평가되는 특성을 감안 시 향후 서울 오피스는 자산 가치가 상승할 가능성이 있음

6. 서울의 경우 타 도시 대비 비교적 안정된 시장이라는 인식 및 경제 전망이 반영되어 투자 수요가 꾸준할 것으로 예상

7. 서울 오피스 시장은 꾸준한 임대 및 투자 수요가 발생하고 신규 공급과 수요가 균형을 이루는 건강한 시장

8. 2021년에도 서울의 프라임 자산에 대한 투자 경쟁은 지속될 가능성이 있으며, 이러한 시장 상황이 반영되어 프라임 오피스, 물류센터 등 우량 자산 가치가 상승할 것으로 전망

9. 최근에는 물류센터에 대한 투자 수요도 증가하는 등 다양한 자산에 대한 투자 매력도가 상승해 서울 시장에 대한 투자자의 관심은 지속될 것으로 예상

10. 아태 지역 주요 도시 중 서울은 오피스 임대료 상승 가속화

성수/영등포 지역 투자 사례

이번에는 성수와 영등포 지역의 실제 투자사례를 살펴볼 차례입니다. 투자는 이론보다 실전 경험이 훨씬 값질 때가 많습니다. 저 역시 저를 포함한 주변의 투자사례들을 경험하면서 책에서는 얻을 수 없는 배움을 얻었던 때가 많습니다. 이번에는 이러한 투자 실사례들을 통해 그동안 말씀드린 내용을 어떻게 적용할지 함께 살펴보겠습니다.

성수동 서울숲삼성IT밸리 경매 낙찰 사례

2021년 5월에 경매컨설팅으로 총 2개 호실을 낙찰 받은 서울숲삼성IT밸리 경매 매물은 뚝섬역 도보 3분권으로 초역세권입니다.

2021년 상반기 당시 성수동에서 경매 매물건처럼 초역세권은 매물이 없고, 이 정도 건물 컨디션 호실 같은 경우 매물로 나온다고 해도 평당가 2,200만 원대 이상으로 나오고 있던 상황입니다. 당시 반대편에 있는 서울숲SKV1타워가 평당가 2,200만원대에 거래되고 있었습니다.

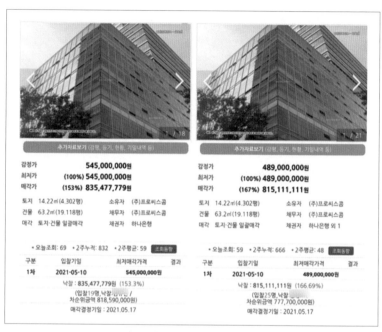

[성수동 서울숲삼성IT밸리 경매/ 출처: 굿옥션]

총 2개 물건 중 1번 물건은 낙찰가 835,477,779원으로 2등과는 1,688만원 차이이며, 낙찰율로는 3.1%로 근소한 차이였습니다. 필자는 2등과의 차이보다는 본질에 집중해서 입찰가를 산정했습니다.

원래 낙찰 당일전까지 최종 입찰가는 81,500만원이었습니다. 그러나 입찰 하루 전부터 여러가지 고민 끝에 입찰하기 20분전 쯤 저는 입찰가를 갑자기 올려서 적었습니다.

2번 물건은 낙찰가 815,111,111원으로 2등과는 조금 차이가 있지만, 위 두 물건은 평수랑 이것저것 다 똑같은 쌍둥이 물건입니다. 단지 감정평가 시점이 2번 물건이 빨라서 감정가만 낮을 뿐이었습니다.

낙찰 당일 경매현장에 많은 분들이 입찰자로 나왔습니다. 1번 물건은 입찰자 19명, 2번 물건은 입찰자 25명이었습니다. 2021년 5월에 낙찰받을 때만 해도 경매장에서 탄성이 여기저기서 터져 나왔습니다.

비싸게 낙찰받은 거 아니냐는 말부터, 낙찰 받아서 부럽다는 등 반응이 다양했습니다.
결국 평당가 2,100 & 2,200만원대에 낙찰받고 6개월이 지난 2021년 연말 시점에서는 위 두 물건 같은 경우 매도 시 평당이 2,800만원대 이상은 충분히 받을 수 있었습니다.

입찰가를 수정할 때, 3개월 명도기간을 생각해서 낙찰가를 예상하고 낙찰 받았습니다.

명도가 쉽지 않아서, 예상대로 명도 고생은 좀 있었는데 다행히 해당 물건지의 감정가도 잘 나오고 대출도 잘 나오고 임차도 바로 맞출 수 있었습니다.

경매물건이 낙찰이 되면 주변 일반 매매물건도 영향을 미칩니다. 왜냐하면 주로 감정평가사들이 해당 지역 마지막 경매물건을 기준으로 대출 비율을 산정하기 때문입니다. 그래서 경매물건의 추이를 보고 예상 대출금액을 산정하고 시세를 예측할 수 있습니다.

성수동 오래된 구축 일반매매 지하1층 사례

소 재 지	서울시 성동구 성수동2가 277-40		
대지면적	1,408.6㎡/ 426평	용 도	공장
건축 면적	841㎡/ 254평	건축 규모	지하3층 / 지상8층
연 면 적	8,985㎡/ 2,718평	승강기	1대(승객)
건 폐 율	59.74%	주차/세대 수	39대(48세대)
용 적 율	399.47%	입주시기	1999년
지역,지구	준공업지역	도로현황	동8M /북6M

센츄리프라자 건물개요

부동산도 발상의 전환이 필요합니다. 다음의 투자 사례는 이러한 발상 전환의 결과로 만든 결실입니다.

2021년 10월경에 99년 완공된 21년된 오래된 구축 지하1층 일반매매건 매물이 총 3개가 나왔습니다. 분양가는 6억대로 평당 650만원대 매물이었는데, 필자에게 매물정보가 오기 전까지 오랜 기간 동안 안 나갔던 매물이었습니다.

사실 이 물건은 대부분 사람들이 걱정을 많이 했던 물건입니다.

"22년된 구축이네", "지하 1층은 어둡고 조금 더럽네", "지하1층이라 공실이 걱정되네" "지하철 역에서도 좀 멀게 느껴지네", "주변이 뭔가 어수선하네" 등 말이 많았습니다.

겉으로 보기에는 단점이 많이 보이는 녀석이라서 사람들의 관심이 없었던 매물이었습니다.

당시 매도인도 9월부터 빨리 매도를 해보려고 여러 부동산에 매물을 내놓았는데, 반응이 좋지 않았다고 합니다. 저 또한 투자자들의 반응이 좋지 않아서 제대로 신경을 쓰지 못하다가, 발상의 전환을 해서 다른 각도로 이 물건을 보기 시작했습니다.

투자의 세계에서는 발상의 전환이 필요하다

첫째, 22년 된 구닥다리 구축은 싫다?

거의 22년이나 됐으니까, 평당 650만 원대로 매우 저렴한 매물입니다. 세상에 싸고 좋은 건 없습니다. 하지만 싸다고 오래됐다고 무시하면 안 됩니다. 고물상에서도 잘 뒤져보면 보물을 발견할 수 있습니다.

둘째, 주차도 힘들고 지하 1층은 특히 건물도 오래 되서 어둡고 싫다?

그래도 내부는 깨끗이 전체 수리를 했다는 점이 포인트입니다. 사람도 외모보다는 내면이 중요한 것처럼, 지식산업센터도 제발 외모로 평가하지 말고 내부를 유심히 보고 평가하는 것이 중요합니다.

셋째, 건물의 대지면적이 400평대로 이게 꼬마빌딩이지 지식산업센터냐?

대진면적과 연역적은 작았지만, 각 호실별 대지지분이 엄청나게 컸습니다. A호실은 대지지분이 약 15평, B호실은 약 16평, C호실은 21.5평입니다.

최근에 성수동에 분양한 물건들을 보면 대지지분이 분양평수의 약 10% 내외로 분양 50평인경우 대지면적이 약 5평대였습니다.

지하1층 물건은 다른 지산보다 대지면적이 압도적으로 컸습니다.

물건지 인근 땅값이 평당 6~8천만원대로 A호실은 매매가가 6억2천만원인데, 대지지분 땅값만 보수적으로 9억원입니다.
2021년 11월 법개정으로 인해 오래된 상가나 오피스텔 등의 재건축이 앞으로 쉬워졌습니다.
정부가 관련 건물 재건축 허가 요건을 완화했기 때문입니다.
저는 이 물건을 보고 '인서울 핵심지역 땅을 확보한다'는 것만 봐도 상당한 의미가 있는 투자라고 확신했습니다.

넷째, 지하1층인데 창고라서 대출이 안 나올것 같다?
결론부터 말하면 용도가 '공장' 용도라서 대출이 잘 나왔습니다. 지하층은 용도가 '창고'보다는 '공장'이 좋습니다.

'돌다리도 두들겨 건너라!'라는 속담처럼 이번 매물의 중요한 이슈인 용도 및 내지 시분이 정확히 부동산에서 조사한 것과 일치하는지 여부가 중요했습니다. 확인 작업을 빠르게 모바일로 검색한 후 이상이 없음을 확인했습니다.

건축물대장 확인은 핸드폰에 설치해 놓은 '정부24'앱으로 건축물대장을 확인했습니다.
대지지분 확인은 인터넷등기소 앱을 통해 등기부등본을 열어봐서, 호실별 대지지지분을 확인했습니다.

급할 때는 이렇게 모바일로 바로 확인 가능하다는 점, 참고하시면 도움이 될 듯합니다.

이처럼 관점을 바꿔서 실입주 및 투자회원들에게 브리핑을 했더니, 연락을 많이 받았습니다.

브리핑 후 매물이 몇 시간 만에 3개가 다 나갔습니다.
생각을 좀 다르게 하고 관점을 바꾸니, 사람들이 안 좋아 하던 녀석도 좋은 매물로 보였습니다.

가계약금을 입금 후 어떻게 알았는지 인근 부동산에서 매도자에게 연락해서 배액 배상 또는 1억 이상 더 줄 테니 다른 사람에게 넘기라고 여러 차례 종용했다고 합니다. 다행히 저희 아투연 전속 부동산에서 여러 루트로 노력한 결과 매도인께서 번복하지 않아서 잔금까지 잘 마무리 했습니다.
부동산 투자는 신뢰를 사고 파는 세계입니다. 이번 경험을 통해서 저는 돈보다는 신의(信義)가 중요함을 배웠습니다. 부동산도 결국 사람과 사람이 만나서 사고파는 시장이기 때문입니다.

세상에 우연은 없습니다. 작고하신 삼성그룹 이병철 회장도 인연의 소중함을 강조하셨습니다.

한번 맺은 인연을 소중히 하라.
남이 잘됨을 축복하라.
그 축복이 메아리처럼 나를 향해 돌아온다.

제가 인상 깊게 읽은 책 중에서 <히든솔루션>이라는 책이 있습니다. 여기에 발상의 전환에 대한 글이 있는데 투자자 분들이 참고하면 좋을 것 같아서 공유해보겠습니다.

마차가 대중적인 이동 수단이던 시절, 대부분의 마차 회사는 "더 좋은 마차를 만들 수는 없을까?"라는 질문에 집중했다고 합니다.

이때 한 청년은 "더 좋은 이동 수단은 없을까?"라는 질문을 던졌고 청년은 가연성 엔진을 개발해 '말'을 없애 버렸습니다.
이 일화의 교훈은, '더 좋은 마차'라는 표현에 갇히면 말이 사라지는 것은 절대 떠올릴 수 없다는 것입니다. 그보다는 본질에 집중하면 답을 찾을 수 있는 경우가 많습니다. 이 사례에서는 더 좋은 이동수단은 없을까, 라는 마차의 본질적 목적인 '이동'에 초점을 맞춘 경우입니다.

이와 같이 부동산도 발상의 전환이 필요합니다. 본질적 목적에 맞춰서 투자의 세계에 좋은 보물을 찾아내야겠습니다.

자동으로 갈 수는 없을까? 말이 없어도 될까? 다른 무언가가 끌어도 될까?

이렇게 훨씬 다양한 관점으로 생각을 던져 나갈 수 있습니다.
이와 같이 부동산도 발상의 전환이 필요합니다. 본질적 목적에 초점을 맞추고, 발상의 전환 등을 통해 부동산 투자에서도 좋은 보물을 잘 찾아내기를 응원합니다.

영등포 경매 사례(22년 1월)

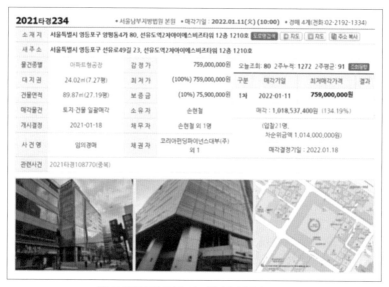

[영등포 선유도역2차 아이에스비즈타워 경매 사례/출처: 굿옥션]

영등포도 일반매매 매물이 거의 없는 상황입니다.

이런 상황에서 지난 2022년 1월 11일, 영등포 선유도역 2차 아이에스비즈타워 경매가 매우 뜨거웠습니다.

경매 입찰에는 총 21명이 입찰했는데, 최고가 1,018,537,100원에 낙찰을 받았습니다. 감정가 759,000,000만원으로 감정가 대비 134%의 높은 가격으로 낙찰받았습니다. 그런데, 차순위 금액이 저는 눈에 들어왔습니다. 차순위 금액 1,014,000,000원으로 1등과 4,537,400원 차이로 아쉽게 패찰했습니다. 이 정도면 정말 근소한 차이입니다.

경매 물건의 감정가는 2020년 1월에 감평을 했는데, 평당 1,420만원대로 감정을 했습니다. 감정 후 지난 1년간 영등포도 많이 오르고 있어서 낙찰자는 현 시세 및 로얄층 좋은 호실을 감안해서 평당가 1,905만원대로 낙찰가를 쓴 것으로 보입니다.

경매로 시세 흐름을 예측해보자

일반매매 물건이 없을 때 성수동, 문정동 같은 경우도 경매 낙찰가를 통해 향후 시세 흐름을 예측할 수 있었습니다. 이번 영등포 낙찰 건을 보면서 영등포도 평당가 이제 2천만원대 진입시대로 접어들고 있다는 걸 알 수 있었습니다.

최신 상업용 부동산 동향자료 분석

상대를 알고 나를 알면 백 번 싸워도 위태롭지 않다

-손자병법 제3편

손자병법의 지혜처럼, 실전 투자의 세계에서는 지식산업센터의 상대(상업용오피스)를 알수 있는 자료를 잘 분석하고 인사이트를 얻어내는 게 중요합니다.
지금부터 보여드릴 자료로 쓰이는 데이터는 국가통계포털의 최신 데이터에서 직접 원본데이터를 가공해서 만든 자료입니다.
지식산업센터에 대해서 아직 공적인 데이터 자료가 없다 보니, 지식산업센터와 비슷한 일반 상업용오피스 자료를 통해 지식산업센터의 미래가치 알아보도록 하겠습니다.

CBD(Central Business District) : 도심권역, 중심업무 지구 -> 조선시대 강남

GBD (Gangnam Business District) : 강남권역 -> 현재 강남

YBD (Yeouido Business District) : 여의도권역 -> 60~70년대는 영등포가 '강남'이라고 불리웠음

CHECK POINT 1. 오피스 각 상권별 층별 임대료 및 연면적 비교

먼저 2021년 하반기에 오피스 각 상권별, 층별 임대료 자료입니다.

층별 임대료 평균을 파악해서 지식산업센터의 평균 임대료와 비교해보겠습니다.

상권별	층별임대료 (천원/평)
남대문	108
광화문	107
을지로	102
강남대로	98
홍대/합정	95
소계(도심지역)	93
소계(강남지역)	81
시청	80
테헤란로	80
교대역	79
서울소계	77
명동	76
논현역	75

종로	75
잠실새내역	71
신사역	70
여의도	67
전국소계	64
소계(여의도마포지역)	64
남부터미널	61
숙명여대	59
도산대로	54
공덕역	53
분당역세권	53
동대문	53
충무로	48
소계(기타지역)	47
천호	43
목동	43
경기 소계	43
장안동	43
잠실/송파	40
당산역	40
영등포역	40
용산역	40
평촌범계	30
인계동	28

[2021년 하반기 오피스 상권별, 층별 임대료 TOP 10/출처 : 국가통계포털 자료 재가공]

초고수들만 아는 투자의 비법

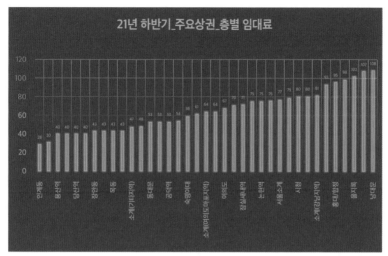

21년 하반기_주요상권_층별 임대료

[출처 : 국가통계포털 자료 재가공]

위 그래프는 편차가 심한 지하 1층과 1층 상가를 제외한 층별 임대료를 정리한 자료입니다.

이 자료를 요약해보면 다음과 같은 결론을 얻을 수 있습니다.

첫째, 클래스는 무시 못한다.

CBD(Central Business District): 도심권역, 중심업무 지구인 남대문, 광화문, 을지로 등이 TOP3 임대료입니다. 조선시대의 강남 이였던 을지로, 시청지역의 임대료가 현재 평당 10만원 이상입니다.

둘째, CBD 평균 임대료 9.3만원, GBD 평균 임대료 8.1만원, YBD 평균 임대료 6.7만원.

작년에 완공한 여의도 파크원등 최근 신축한 오피스 빌딩 임대료는 미반영 된 것으로 보입니다.(여의도 파크원등 신축 건물은 임대료 및 관리비가 엄청나게 비쌉니다)

셋째, 강남대로 쪽 지하 1층 평균 임대료는 9.3만원

강남 테헤란로는 경사가 있어서(특히 역삼역 주변) 건축물대장의 공부상으로는 지하 1층이지만, 실제는 대로변에 있는 1층이라서 임대료가 비쌉니다. (즉, 1층 같은 지하 1층입니다)

CHECK POINT 2. 2021년 하반기 오피스 상권별, 연면적(평)

먼저 2021년 하반기에 오피스 각 상권별, 층별 임대료 자료입니다.
층별 임대료 평균을 파악해서 지식산업센터의 평균 임대료와 비교해보겠습니다.

상권별(4)	평균층수(층)	연면적(평)
서울소계(도심지역)-을지로	26	27,107
서울소계(도심지역)-남대문	15	10,986
서울소계(도심지역)-광화문	13	8,320
서울소계(여의도마포지역)-여의도	15	8,172
서울소계(도심지역)-시청	16	7,562
경기분당역세권-소계	10	7,518
서울소계(여의도마포지역)-공덕역	16	6,336
서울소계(강남지역)-테헤란로	14	5,225
서울소계(여의도마포지역)-소계	12	5,225
서울소계(도심지역)-소계	12	5,151
광주상무지구-소계	12	4,816
대구동성로중심-소계	11	4,328
경기인계동-소계	10	4,076
서울소계-소계	11	4,065
서울소계(기타지역)-목동	10	3,722
대전서대전네거리-소계	9	3,665
경기소계-소계	9	3,656
서울소계(강남지역)-강남대로	14	3,654
서울소계(도심지역)-명동	13	3,441
부산현대백화점주변-소계	11	3,312
서울소계(강남지역)-소계	11	3,185
대구수성범어-소계	11	3,109
전국소계-소계	10	3,094
대전둔산-소계	10	3,016

2부. 현장에서 배우는 지식산업센터 투자 노하우

경기평촌범계-소계	9	2,996
부산서면/전포-소계	12	2,892
대구소계-소계	10	2,787
대전소계-소계	9	2,709
부산부전시장-소계	10	2,694
광주금남로/충장로-소계	9	2,652
광주소계-소계	9	2,628
울산삼산동-소계	10	2,577
서울소계(기타지역)-천호	10	2,546
서울소계(도심지역)-종로	11	2,496
부산소계-소계	11	2,480
경기일산라페스타-소계	10	2,410
대전원도심-소계	9	2,283
충남소계-소계	7	2,248
서울소계(강남지역)-신사역	9	2,116
서울소계(기타지역)-화곡	9	1,990
부산남포동-소계	10	1,973
서울소계(강남지역)-도산대로	10	1,957
대구동대구-소계	10	1,930
서울소계(강남지역)-논현역	11	1,854
전북소계-소계	8	1,841
인천부평-소계	10	1,839
인천구월-소계	9	1,806
서울소계(기타지역)-소계	9	1,720
울산소계-소계	9	1,717

경남소계-소계	7	1,699
인천주안-소계	8	1,624
서울소계(여의도마포지역)-영등포역	8	1,586
인천소계-소계	8	1,559
서울소계(강남지역)-남부터미널	8	1,543
서울소계(여의도마포지역)-당산역	9	1,526
제주소계-소계	7	1,522
서울소계(기타지역)-숙명여대	8	1,359
서울소계(기타지역)-용산역	9	1,347
충북소계-소계	7	1,310
강원소계-소계	7	1,295
서울소계(기타지역)-장안동	9	1,286
경북소계-소계	7	1,249
부산부산역-소계	9	1,244
울산신정동-소계	10	1,235
서울소계(도심지역)-충무로	9	1,217
서울소계(기타지역)-잠실/송파	7	1,202
부산연산로터리-소계	9	1,127
서울소계(기타지역)-홍대/합정	8	1,083
서울소계(도심지역)-동대문	9	1,077
전남소계-소계	7	1,033
서울소계(기타지역)-잠실새내역	9	1,023
서울소계(강남지역)-교대역	8	952
서울소계(기타지역)-사당	8	855

[2021년 하반기 오피스 각 상권별, 층별 임대료 TOP 10/출처: 국가통계포털 재가공]

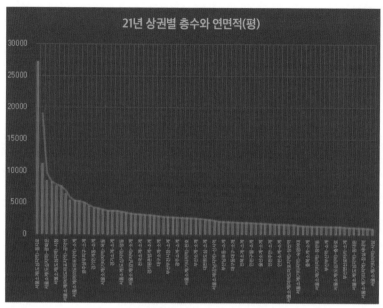

[자료 : 국가통계포털 / 저자 재가공]

위 자료는 각 상권별 층수와 연면적(평)을 정리한 자료입니다.

위 자료를 요약해보겠습니다.

첫째, 상업용오피스 상위 TOP5를 보면 을지로를 제외하고 대부분 연면적 1만 평 내외 건물들이 대다수이며, 층수도 15층 내외입니다.

최근 분양하는 지식산업센터는 대형화, 고급화 추세입니다.

성수동 생각공장 연면적 2.6만평, 구로 생각공장 연면적 약 4만평, 당산 생각 공장 연면적 약 3만평, 대륭포스트8차 연면적 약 3만평, 성수skv1센터 연면적 약 1.7만평입니다.

지식산업센터는 보통 건폐율 60%, 용적율 400%에 짓기 때문에 위에 언급한 최근 분양한 지식산업센터들의 층수도 20층 내외로 고층이 많이 있습니다. 최근에는 기부채납등으로 용적율이 대부분 500% 이상 용적율 인센티브를 받는 곳도 많아지고 있습니다.

전문 용어가 조금 어렵게 느껴질 분들을 위해 편하게 적어보겠습니다.

상권 전문용어로 '빨대효과'가 있습니다, 최근 성수생각공장이 한마디로 워낙 크고 멋있고 편리하게 잘 짓기 때문에 인근 오피스 & 지식산업센터의 임차인들을 빨아들이고 있습니다.

예시로 약 1년 전 성수생각공장 + skv1센터 준공 후 주변 임차인들을 많이 빨아 들였고, 대륭포스트8차(구,만민중앙교회)는 이미 넷마블에서 한개동을 거의 다 매입해서 준공 후 인근 낙후된 건물에 있는 많은 임차인들을 빨아들일 것입니다.

연면적이 큰 이화사업부지, 구로 생각공장, 당산 생각공장, 군포 생각공장 등도 준공이 되면, 인근 임차인 수요층을 대량으로 빨아들일 것입니다.

성수, 영등포 상업용 부동산 평당이 및 땅값 분석(20년 vs. 21년 비교)

이번에는 거래사례비교법을 통해서 지식산업센터의 평당가를 파악해보겠습니다. 감정평가의 3가지 방법 중 '거래사례비교법'이 있는데, 한마디로 지식산업센터와 동일성 또는 유사성이 있는 일반 상업용 오피스의 매매사례와 비교해서 지식산업센터의 가격을 추정하는 방법입니다.

또한 거래사례비교법'을 통해 저희 성수, 영등포 지식산업센터 가격의 적정성 여부를 추정해보겠습니다.

첫째, 지식산업센터 근처 상업용빌딩의 건물면적당 평당가를 한번 비교해 보겠습니다.

데이터 편차를 가급적 줄이기 위해, 부동산 전체 매매거래 중에서 '상업용빌딩'으로 범위를 좁히고 데이터를 쪼개서 알아보겠습니다.

*참고 지표:

성수동 상업용빌딩, 건물면적당 평균단가

[2020.02~2021.01 vs. 2021.02~2022.01]

[성수동2가 상업용빌딩 평당가: 출처 부동산플래닛]

위 자료는 성수동 지식산업센터들이 많이 몰려있는 성수역 남쪽의 "성수동2가 상업용빌딩 20년대비 21년의 변동률 추이입니다.

성수 지식산업센터 건물 평당 및 토지 평당가

1. **건물면적당 평당가(평)** : 20년 3,590만원 vs. 21년 4,075만원 -> 13.5% up, 전년대비 평당 484만원이 올랐다.

2. **토지면적당 평당가(평)** : 20년 7,429만원 vs. 21년 10,682만원 -> 43.78% up, 땅값은 전년대비 무려 평당 3,253만원이 올랐다. 땅값이 건물 평당이 보다 무려 6.7배 이상 상승률이 높았다. (건물 484만원 vs.토지 3,253만원)

3. 성수동 2가에 있는 지식산업센터 중 준신축급(완공 후 10년이내), 도보 10분이내 역세권은 평균 평당가가 약 2,500만원이다. 성수동 지식산업센터가 인근 상업용빌딩 오피스 대비 평당 시세는 약 61%다.

[강남구 상업용빌딩 평당가 /출처: 부동산플래닛]

위 자료는 강남에서 성수동으로 많이 넘어 오고 있는 강남구의 상업용빌딩 20년대비 21년의 변동률 추이입니다. 건물 평당가 및 토지 평당가를 살펴보겠습니다.

강남 지식산업센터 건물 평당 및 토지 평당가

1. **건물면적당 평당가(평)** : 20년 3,420만원 vs. 21년 4,882만원 ->
   42.75% up, 전년대비 평당 1,462만원이 올랐다.

2. **토지면적당 평당가(평)** : 20년 13,542만원 vs. 21년 16,827만원 ->
   24.26% up, 전년대비 평당 3,285만원이 올랐다.

   땅값은 성수동과 비슷하게 약 평당 3천만원 이상 올랐다. 강남은
   땅값이 건물 평당가 보다 2.2배 이상 상승률이 높았다.(건물 1,462
   만원 vs.토지 3,285만원)

   상업용빌딩 건물 평당가 대비 땅값 상승률만 보면 성수동이 6.7배
   로 강남 2.2배 보다 약 3배이상 땅값 상승율이 높았다.

3. 성수동 2가에 있는 지식산업센터중 준신축급(완공 후 10년이내),
   도보 10분이내 역세권은 평균 평당가가 약 2,500만원 vs. 강남 상
   업용빌딩 오피스 평당가는 4,882만원으로 강남 대비 성수동 지산
   시세는 약 51% 수준이다.

   위 자료를 보면 저는 아직도 성수 지식산업센터가 강남 오피스빌딩
   보다 장점은 많은데 저평가 됐다고 본다. (2022년 2월 기준)

*참고 지표:

[영등포구] 상업용빌딩, 건물면적당 평균단가

[2020.02~2021.01 vs. 2021.02~2022.01]

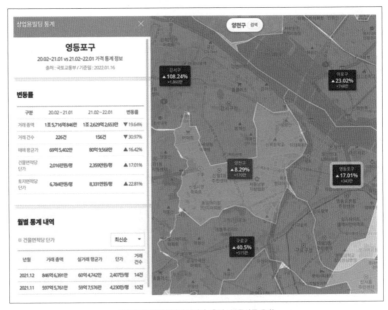

[영등포구 상업용빌딩 평당가 /출처 : 부동산플래닛]

최근 지식산업센터로 많이 핫해지고 있는 영등포구의 상업용빌딩 20년대비
21년의 변동률 추이입니다. 분양 평당가 및 토지 평당가를 살펴보겠습니다.

영등포 지식산업센터 건물 평당 및 토지 평당가

1. **건물면적당 평당가(평)** : 20년 2,016만원 vs. 21년 2,359만원 -> 17.01% up, 전년대비 평당 343만원이 올랐다.

2. **토지면적당 평당가(평)** : 20년 ,6,784만원 vs. 21년 8,331만원 -> 22.81% up, 전년대비 평당 1,547만원이 올랐다.

3. 21년을 기준으로 성수동과 비교해보면, 성수동 건물 평당이 4,057만원으로 영등포가 성수동 대비 1,698만원이 낮고, 57% 수준이다.

잠깐 여기서 주목할점은 영등포도 땅값 상승율이 크다는 것입니다.(전년대비 약 23% 상승)

성수동 땅값 평당가 평균이 10,682만원 vs. 영등포는 8,331만원으로 성수동 대비 2,351만원이 낮고, 78% 수준입니다.

영등포는 성수동과 비교할 때 건물 평당가는 57% 수준인데, 땅값 평당가는 78% 수준으로 영등포의 땅값 상승율이 높다는걸 수치상으로 알 수 있습니다.

영등포 지식산업센터 중 준신축급(완공 후 10년이내), 도보 10분이내 역세권은 평균 평당가가 약 1,700만원대 vs. 영등포 상업용빌딩 오피스 평당가는 2,359만원으로 영등포 지식산업센터가 영등포 오피스빌딩 대비 시세는 약 72% 수준입니다.

위 자료를 보면 저는 아직도 저희 영등포 지식산업센터가 영등포 오피스빌딩보다 장점은 많은데 저평가 됐다고 봅니다. (2022년 2월 기준)

최근 영등포의 땅값 상승율이 심상치 않음을 볼 수 있는 거래가 있었습니다. 최근 거래된(지식산업센터를 지을 수 있는 부지) 사례로 평당 1.2억에 거래가 됐습니다. 이런 좋은 부지는 앞단에서 움직이는 시행사쪽에서 먼저 움직이는데 1.2억에 거래 된 것만 봐도 영등포 지식산업센터의 미래를 짐작해 볼 수 있습니다.

투자 포인트, 전문가의 한 수!

1. 성수지산이 성수동 일반 오피스빌딩보다 장점이 많은데, 일반 오피스 대비 시세는 약 61%다. 한마디로 아직도 성수지식산업센터는 저평가
2. 성수동 지산 평당이 약 2,500만원 vs. 강남 오피스 평당가는 4,882만원으로 강남 대비 성수동 지산 시세는 약 51%
3. 영등포의 최근 땅값 상승율이 높고 심상치 않다.

문정, 성수, 영등포
입주 기업수 및 기업형태 분석

문정동 인근 입주기업 수 현황

(정부기관에 등록된 기업수로 실제현황과 다를 수 있음)

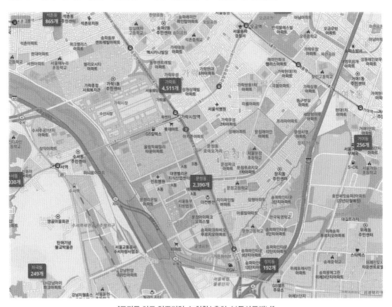

[문정동 인근 입주기업 수 현황/ 출처: 부동산플래닛]

위 그림은 송파구 인근 기업체수입니다

- 송파, 가락동 인근 약 4,500여개

- 문정동 약 2,400여개

- 수서역 인근 약 1,000여개

문정역 인근 기업체수 분포도

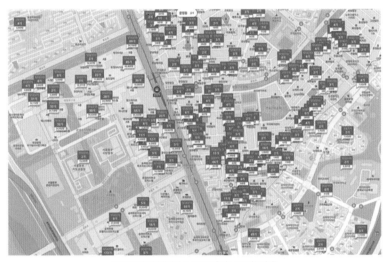

[문정동 인근 기업체업 수 분포도/출처 : 부동산플래닛]

- **문정역 기준 우측** : 소규모 빌딩 다수 포진

- **문정역 기준 좌측** : 동부지방법원을 중심으로 중대형 지식산업센터 포진

입주업체 업종 파악

예시) 문정테라타워 입점 업체

입주업체 분야 중 아래 3가지 분야 업종들이 많이 입주 했다.

- 부동산개발, 건설, 설계, 인테리어 분야
- 마케팅, 컨설팅 분야
- 컴퓨터 소프트웨어 분야

업체별 근무 종업원수(문정테라타워 기준)

- 전체 기업체 중 업체별 10명 이하 기업체 비율은 약 90%
- 성수동과 비슷하게 초기 스타트업(직원 5명 내외)들이 많이 입점

투자 고수의 컨설팅

문정동 지식산업센터 기업체 현황 3가지 요약

- 건물 연면적이 크고, 아파트처럼 신축 선호도가 높아 문정동, 송파동, 가락동, 수서동 인근 중소형 빌딩의 임차인들이 지식산업센터의 잠재 수요층
- 지산 입주업체는 동부지방법원 관련 분야, 부동산, 마케팅, 컨설팅, 컴퓨터 소프트웨어 분야가 많음
- 초기 스타트업 비중이 높아지고 있음 -> 신규 분양현장인 문정역skv1 2차의 주력 평형대가 10평대

성수동 인근 입주기업 수 현황

(정부기관에 등록된 기업수로 실제현황과 다를 수 있음)

[출처: 부동산플래닛]

위 그림은 성수동 인근 기업체수입니다.

- 성수동 약 6,500여개

- 청담동 약 2,500여개

- 삼성동 약 6,200여개

성수동 인근 기업체수 분포도

[성수동 인근 기업체 수 분포도/출처 : 부동산플래닛]

- **성수역**: 역시 성수역 인근에 기업체들 다수 포진

- **뚝섬역**: 뚝섬역은 듬성듬성 분포

- **서울숲역**: 대형 빌딩, 중대형 지식산업센터, 상가주택들이 함께 혼재(서울숲
  역 인근은 중소형 상가주택에 기업체들 입주율 UP)

입주업체 업종 파악

성수역skv1타워는 입주업체 분야 중 아래 3가지 분야 업종들이 많이 입주했다.

- 게임, 컴퓨터 통신, 소프트웨어개발
- 광고 홍보 마케팅, 경영컨설팅 분야
- 의류 도소매, 쇼핑몰 분야
- 산업군별로 좀더 쪼개서 보면, 성수역skv1타워는 정보통신업 분야 업체들
  이 약 20% 이상 차지하고 있음

업체별 근무 종업원수 (성수역 skv1타워 기준)

- 전체 기업체 중 업체별 10명 이하 기업체 비율은 약 75%
- 전체 기업체 중 업체별 10명~50인 이하 기업체 비율은 약 20%
- 성수역skv1타워 경우 주력 평형대는 전용 약 20평대

투자 고수의 컨설팅

성수동 지식산업센터 기업체 현황 4가지 요약

- 성수동(성수1가+2가) 전체 6,500여개 업체 vs. 지식산업센터 건물은 65개
- 성수역 인근에 중소형 빌딩과 지식산업센터들이 혼재되어 있음
- 초기 스타트업 비중이 높아지고 있어서 최근 신규 분양현장인 서울숲에이
  원센터, 선명스퀘어의 주력 평형대가 전용 10평대
- 최근 성수동은 게임, 엔터테인트먼트, IT분야 업체수가 증가하고 있음

대기업 입주 효과(성수동, 구로 사례)

보통 대기업 본사가 움직이면 주변 상권이 살아나고, 협력업체들도 대기업 본사 인근으로 움직이기 때문에 저희 지산 주변에 어떤 중견&대기업들이 분포되어 있는지 파악하는게 중요합니다.

성수, 구로 사례로 보면 성수동 경우 큐브엔터테인먼트, SM엔터테인먼트 본사가 성수동으로 이전하면서 엔터테인먼트 관련 협력업체들, 관계자들이 속속 이전하고 있습니다.

구로 경우 넷마블이 신사옥으로 이전하면서 구사옥 상권 매출이 떨어지면서 공실율이 올라갔고, 신사옥 주변 상권이 살아났고 협력업체들도 신사옥 인근 지식산업센터로 모이고 있습니다.

구로 넷마블 사옥 이전 사례

(대륭포스트1차, 2차, 에이스테크노8차 -> 상가, 사무실 타격)

*넷마블 기업정보 요약

- **2020년 매출** : 총 2조 6천억원
- **평균 연봉** : 7,537만원
- **2020년 영업이익** : 978억
- **근로자수** : 819명
- **기업등급** : 최상위 등급
- **동종업계 순위** : 3위(1위 엔씨소프트, 2위 넥슨코리아)

기업 하나가 인근 지역을 먹여 살린다는 말이 있는데, 넷마블은 2조 매출액, 영업이익 약 1,000억원대, 근로자수 820여명으로 단일 기업규모로 봐도 사이즈가 정말 크다는 걸 알 수 있습니다.

[(구)넷마블 사옥 인근 지도와 거리뷰 출처 / 자료 : 네이버지도 저자 재구성]

위 그림의 왼쪽은 구 넷마블 사옥 네이버 지도, 우측은 거리뷰입니다.

위 지도 및 거리뷰 사진에 표기한 것처럼, 구 넷마블 사옥이 이전하면서 인근 대륭포스트1차, 2차, 에이스테크노8차 지식산업센터들의 상가 및 사무실에도 타격이 있었으며, 특히 지하상가 타격이 컸습니다.

특히 지하상가는 넷마블 사옥이 이전하면서 매출이 급감한 매장은 공실로 나오기도 했습니다.

넷마블 신사옥(대륭포스트8차와 함께 시너지 효과 상승)

[넷마블 신사옥 인근 지도&거리뷰 /출처: 네이버지도 / 저자 재구성]

위 그림의 왼쪽은 넷마블 신사옥 거리뷰, 우측은 네이버 지도입니다.

위 지도 및 거리뷰 사진에 표기한 것처럼, 넷마블 신사옥이 이전하면서 바로
옆 대륭포스트8차까지 완성되면 인근 상권이 더 활성화 되고, 넷마블 협력업
체들도 인근 지식산업센터로 더 모일 것입니다.

오른쪽 네이버지도에 표기한 것처럼, 넷마블 신사옥이 이전하기 전에는 2호
선 구로디지털단지역으로 가는 길이 활성화가 안 된 거리였습니다.

그러나 최근에는 넷마블에서 2호선 구로디지털단지역으로 가는 상권이 유동
객이 많이 증가하면서 활성화가 되고 있고 지도에서 표시한 길목은 대륭포스
트8차가 완공되면 시너지 효과로 앞으로도 더욱 좋아질 것으로 보입니다.

신사옥 넷마블 인근 지식산업센터의 공실도 없어지면서 매매가도 오르고 있
습니다.

성수동 현대글로비스, SM엔터테인먼트 성수동 입주 사례
(서울숲 인근 지식산업센터들이 크게 움직임)

[서울숲역 인근 지도&거리뷰]

[출처: 네이버지도 / 저자 재구성]

위 그림의 윗쪽은 서울숲역 인근 네이버지도, 아래쪽은 서울숲역 인근 거리뷰입니다.

2021년 현대글로비스 본사, SM엔터테인먼트 본사가 성수동 아크로 서울포레스트디타워에 입주하면서 관련 협력업체들이 인근 오피스 빌딩 및 지식산업센터로 입주하려고 했으나, 거의 공실이 없어서 사무실 구하기가 많이 어려웠다는 후문입니다.

위 네이버 지도에서 보신 것처럼, 아크로 서울포레스트디타워 인근에는 서울숲포휴, 서울숲비즈포레, 서울숲한라에코밸리, 서울숲M타워 등 4개의 지식산업센터들이 몰려 있는데, 공실이 거의 없었고 일반매매로 급매가 나오면 거의 바로 매도가 되곤 했습니다.

최근에는 평당 3천만원 초반대에 거래가 된 매물이 있습니다.(22년 2월기준) 대기업 본사가 들어오면 인근 지산들의 임대료 및 매매가에도 긍정적인 영향이 있다고 볼 수 있습니다.

문정, 성수, 영등포 중견기업, 대기업 본사 근무자 수, 권역별 평균 연봉 (자료 기준 : 국민연금 데이터 기준, 2021년12월 기준, 50인 미만은 연봉 편차가 심해서 50인 이상 기업 대상/본사 소재지 등록기준, 소재지만 본사이며 전부 본사에서 근무하는 것은 아님)

문정동 근로자 평균 연봉 및 근로자 수

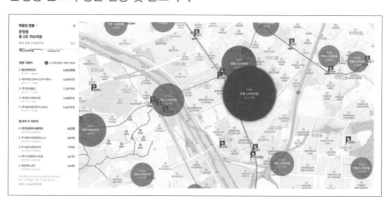

[문정동 근로자 평균연봉 및 근로자 수 / 출처: 호갱노노]

- 문정동 총 2조 706억원(직장인 총 연봉)
- **평균 연봉** : 3,940만원
- **총 사업체 수** : 3,320개
- 근로자수 : 52,368명
- 문정동이 근로자수 및 연봉이 인근 수서동, 가락동, 송파동, 잠실동보다 월
  등히 높다.
- 문정동은 문정법조단지 및 지식산업센터 클러스터로 형성되어 있어서 동남
  권에서는 근로자수 및 연봉이 가장 높은 지역이다.

*연봉 TOP 5 리스트

1) 환인제약 : 6,062만원, 근로자 수 488명

2) 제트에프오버시즈주식회사 : 6,060만원, 근로자수 118명

3) 현대웰슨 : 5,787만원, 근로자수 113명

4) 에스앤씨산업 : 5,688만원, 근로자수 55명

5) 범씨엠건축사사무소 : 5,683만원, 근로자수 116명

*근로자 수 TOP 5 리스트

1) 이글루시큐리티 : 근로자 수 822명, 평균연봉 3,839만원

2) 주식회사윈윈파트너스 : 근로자 수 820명, 평균연봉 4,268만원

3) 주식회사휴먼코아 : 근로자 수 739명, 평균연봉 2,558만원

4) 수성엔지니어링 : 근로자 수 667명, 평균연봉 5,046만원

5) 세안텍스 : 근로자 수 644명, 평균연봉 3,026만원

성수동 근로자 평균 연봉 및 근로자 수

성수동1가 근로자 평균 연봉 및 근로자수

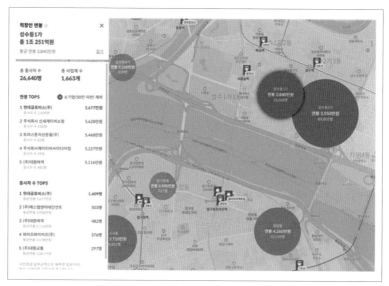

[출처 : 호갱노노]

- **성수동1가** : 총 1조 251억원(직장인 총 연봉)

- **성수동1가** : 평균 연봉 3,840만원

- **성수동1가 근로자수** : 26,668명

- 성수동1가는 서울숲역 인근으로 현대글로비스 및 SM엔터테인먼트 이 두 회
  사가 성수동1가 전체 근로자의 약 10%

- 성수동1가는 최근 엔터테인먼트, 방송 미디어 관련 업체들이 증가하고 있음

*연봉 TOP5 리스트

1) **현대글로비스** : 5,677만원, 근로자 수 1,609명

2) **신세계티비쇼핑** : 5,628만원, 근로자수 223명

3) **트러스톤자산운용** : 평균연봉 5,468만원, 근로자수 83명

4) **제이티비씨미디어컴(jtbc)** : 평균연봉 5,227만원, 근로자수 59명

5) **대원여객** : 평균연봉 5,116만원, 근로자수 482명

* 근로자 수 TOP5 리스트

1) **현대글로비스** : 근로자 수 1,609명, 평균연봉 5,677만원

2) **에스엠엔터테인먼트** : 근로자 수 503명, 평균연봉 3,930만원

3) **대원여객** : 근로자 수 482명, 평균연봉 5,116만원

4) **와이즈와이어즈** : 근로자 수 376명, 평균연봉 3,178만원

5) **대원교통** : 근로자 수 297명, 평균연봉 5,061만원

성수동2가 근로자 평균 연봉 및 근로자수

- **성수동2가** : 총 3조 1,931억원

- **성수동2가** : 평균 연봉 3,550만원

- **성수동2가 근로자수** : 89,803명

- 성수동2가는 성수역 남,북쪽 인근으로 신세계계열사 및 신도리코 이 두 회
  사의 근로자 수 비율과 연봉이 높음

성수동2가는 최근 유튜브 크리에이터, 의류(무신사), IT 스타트업 관련 업체들

이 증가하고 있음

*연봉 TOP5 리스트

1) **신도리코** : 6,247만원, 근로자 수 722명

2) **이피코리아** : 평균연봉 5,634만원, 근로자수 61명

3) **태성에스엔이** : 평균연봉 5,572만원, 근로자수 143명

4) **맨텍** : 평균연봉 5,382만원, 근로자수 111명

5) **스켈터랩스** : 평균연봉 5,370만원, 근로자수 60명

*근로자 수 TOP5 리스트

1) **이마트** : 근로자 수 25,779명, 평균연봉 3,691만원

2) **케이에스한국고용정보** : 근로자 수 5,089명, 평균연봉 2,441만원

3) **신세계푸드** : 근로자 수 3,828명, 평균연봉 3,519만원

4) **이마트에브리데이** : 근로자 수 3,045명, 평균연봉 3,175만원

5) **예림당** : 근로자 수 2,420명, 평균연봉 5,274만원

2부. 현장에서 배우는 지식산업센터 투자 노하우

영등포 근로자 평균 연봉 및 근로자 수

문래동3가 근로자 평균 연봉 및 근로자수

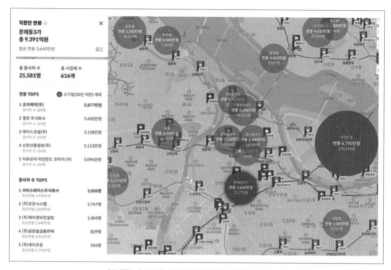

[문래동3가 근로자 평균연봉 및 근로자 수 / 출처: 호갱노노]

- **문래동3가** : 총 9,391억원
- **평균 연봉** : 3,640만원
- **총 근로자수** : 25,581명
- **총 사업체수** : 616개
- 문래동3가는 문래역 인근, 구축 아파트 단지들이 많이 있고 추후 개발계획
  이 많은 입지

*연봉 TOP5 리스트

1) **조아제약** : 5,877만원, 근로자 수 280명

2) **잼팟 주식회사** : 5,432만원, 근로자수 165명

3) **에이스건설** : 5,158만원, 근로자수 250명

4) **신한신용정보** : 5,113만원, 근로자수 116명

5) **티브유이 라인란드 코리아** : 5,086만원, 근로자수 164명

*근로자 수 TOP5 리스트

1) **서비스에이스주식회사** : 근로자 수 3,008명, 평균연봉 3,998만원

2) **조은시스템** : 근로자 수 2,747명, 평균연봉 2,809만원

3) **제이앤비컨설팅** : 근로자 수 1,404명, 평균연봉 2,440만원

4) **글로벌금융판매** : 근로자 수 829명, 평균연봉 2,932만원

5) **세이프원** : 근로자 수 556명, 평균연봉 2,776만원

당산동 3가 근로자 평균 연봉 및 근로자수

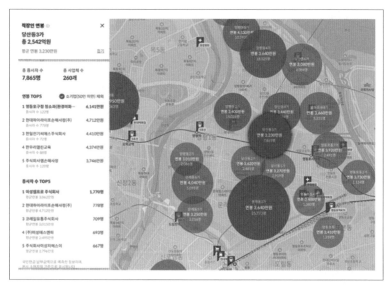

[당산동3가 근로자 평균연봉 및 근로자 수 / 출처 : 호갱노노]

- **당산동 3가** : 총 2,542억원

- **평균 연봉** : 3,230만원

- **총 근로자수** : 7,865명

- **총 사업체수** : 260개

- 당산동 3가는 영등포구청 더블 역세권 인근 지식산업센터가 많이 몰려있는 입지로 영등포에서 인기가 높아지는 지역

*연봉 TOP5 리스트

1) 영등포구청 청소과 : 평균연봉 6,141만원, 근로자 수 122명

2) 현대라이프손해사정 : 평균연봉 4,712만원, 근로자수 778명

3) 한일전기씨에스 : 평균연봉 4,410만원, 근로자수 72명

4) 한우리열린교육 : 평균연봉 4,374만원, 근로자수 88명

5) 엠손해사정 : 평균연봉 3,746만원, 근로자수 120명

*근로자 수 TOP5 리스트

1) 미성엠프로 주식회사 : 근로자 수 1,770명, 평균연봉 3,062만원

2) 현대라이프손해사정 : 근로자수 778명, 평균연봉 4,712만원

3) 코레일유통주식회사 : 근로자 수 709명, 평균연봉 3,015만원

4) 미성에스엔피 : 근로자 수 693명, 평균연봉 2,495만원

5) 미성지에스이 : 근로자 수 667명, 평균연봉 2,796만원

투자 고수의 컨설팅

1. 성수, 구로 사례로 보면 대기업이 들어오면 인근에 여러 가지 긍정적인 효과 (협력업체들이 모여들면서 공실 감소, 임대료 상승, 매매가 상승)들이 있다.

2. 문정, 성수, 영등포 역세권 인근은 역시 근로자들의 연봉이 평균 이상이다.

3. 지식산업센터에도 소위 잘 나가는 스타트업 및 한층을 사옥으로 쓰는 중견기업들이 실입주로 들어오고 있다.

4. 규모가 있는 회사들이 지산으로 들어오면서 중장기 안정적인 임차인 확보가 용이하다.

문정, 성수, 영등포 임대료는 과연?

문정, 성수동 지식산업센터의 분양 평당 임대료는 22년 2월 현재 5~6만원대로 형성되어 있습니다. 영등포도 4~5만 원대로 형성되어 있는데, 최근 입주한 영등포리드원 같은 경우 5만원 초중반대까지 임대차 계약이 이뤄지고 있습니다. (준신축급, 도보 10분이내 역세권 기준)

지식산업센터와 비슷한 연면적을 가진 일반 오피스 빌딩과의 임대료 차이를 살펴보고 적정 수준에 형성되어 있는지 한번 확인해보겠습니다.

GBD(강남구, 서초구) 오피스 빌딩 임대동향(2021년 11월 기준)

단위:건, %, 원 / 3.3㎡

구분	빌딩 수	공실률	전세환산가	보증금	임대료	관리비	NOC*
프리미엄	18	0.00	10,783,366	1,024,808	98,203	38,231	262,542
대형빌딩	44	0.79	8,794,173	949,236	79,497	33,466	224,708
중대형빌딩	63	0.50	8,103,109	1,042,923	72,951	32,114	204,131
중형빌딩	127	0.85	7,022,571	965,695	64,859	27,711	168,152
소형빌딩	85	2.54	8,004,738	1,200,084	74,115	21,131	152,762
TOTAL	337						

*면적구분 기준: 프리미엄(2만 평이상), 대형빌딩(1만평~2만평미만), 중대형빌딩(5천평이상~1만평미만), 중형빌딩(2천평이상~5천평미만), 소형빌딩(2천평미만)
*전용면적당비용(NOC) 1평당 =[(보증금X보증금 기회비용(1.95%)/12개월) + 월임대료+월관리비]/전용률

[강남권역 임대동향 /출처: 부동산플래닛]

문정, 성수동 지식산업센터 수요층인 강남권역 연면적 1~2만평대 대형빌딩의 임대료는 분양평당 약 8만원대입니다.

문정, 성수동 지식산업센터가 평균 5만 원대로 보면 강남권역 대형 빌딩 임대료 대비 약 62% 수준입니다. 지금까지 살펴본 것처럼, 장점이 많은 지식산업센터의 임대료가 아직은 강남권역 대형빌딩 임대료 대비 저평가 됐으며, 임대료 상승 여력이 충분히 있다고 봅니다.

실제 2021년도부터 문정,성수동은 공실이 거의 없으면서 임대료가 오르고 있습니다. 성수동은 최근 6만원 초반대에도 임대차 계약이 나오고 있습니다.

YBD(영등포구, 마포구) 오피스 빌딩 임대동향(2021년 11월 기준)

단위:건, %, 원/3.3㎡

구분	빌딩 수	공실률	전세환산가	보증금	임대료	관리비	NOC*
프리미엄	12	7.40	10,252,775	905,313	93,492	40,589	264,248
대형빌딩	25	0.86	6,919,362	641,453	60,831	31,224	189,521
중대형빌딩	42	1.61	5,123,025	566,450	45,566	24,107	179,130
중형빌딩	37	0.61	4,332,612	403,244	39,294	20,996	110,151
소형빌딩	5	1.67	4,114,834	378,598	37,362	17,459	97,627
TOTAL	121						

*전용면적당비용(NOC) 1평당=[(보증금X보증금 기회비용(1.95%)/12개월) + 월임대료+월관리비]/전용률
*면적구분 기준: 프리미엄(2만 평 이상), 대형빌딩(1만평~2만평 미만), 중대형빌딩(5천평 이상~1만평 미만), 중형빌딩(2천평 이상~5천평 미만), 소형빌딩(2천평 미만)

[YBD권역 임대동향/출처: 부동산플래닛]

영등포 지식산업센터 수요층인 여의도권역 연면적 1~2만평대 대형빌딩의 임대료는 분양평당 약 6만원대입니다. 영등포 지식산업센터가 평균 4만원대로 보면 강남권역 대형빌딩 임대료 대비 약 66% 수준입니다. 영등포 지식산업센터도 여의도권역 대형빌딩 임대료 대비 저평가 됐으며, 영등포도 역시 임대료 상승여력이 충분히 있다고 봅니다.

최근 2021년 연말에 입주를 시작한 영등포리드원 지식산업센터의 경우 실제 5만원 초중반대까지 임대차 계약이 진행됐었고, 2022년 2월 현재 영등포도 역세권은 공실이 거의 없고, 임대료도 지속적으로 오르고 있습니다.

2040서울도시기본계획 발표를 통한 서울 지식산업센터의 방향성은?

[2040서울도시기본계획 / 출처: 서울시]

2022년 3월초에 2040서울도시기본계획이 발표됐습니다.

2040서울도시기본계획은 최상위 공간계획으로 앞으로 나올 크고 작은 계획들도 다 큰 범주 안에서는 최상위 공간계획인 '2040서울도시기본계획'안에 들어가야 합니다.

이번 2040서울도시기본계획을 잘 살펴보면, 정부 및 서울시에서 어디를 핵심지로 개발할지가 큰 그림에서 보일것입니다.

당연히 경제발전의 한축을 담당하고 있는 지식산업센터쪽도 큰 호재로 보고 있습니다.

어떤 기본계획이 있는지 한 번 살펴 보시죠.

개발가용지 부족 문제

[2040서울도시기본계획 / 출처: 서울시]

선거때만 되면 정치권에서도 앞다투어 계속해서 서울시 준공업지역내 용적
률 상향 공약이 쏟아지고 있습니다.

이런 공약이 나온 배경은 한마디로 위 그림처럼 서울은 이제 '개발 가용지가

턱없이 부족'한 이유입니다.

서울 핵심권에는 개발할 땅이 없으니 도쿄, 싱가포르, 상하이 등과 같은 국제
도시처럼 용적률 인센티브를 과감하게 풀어주어 개발하자는 것인데, 서울 도
심내 준공업지역이 많은 성수, 영등포는 이런 개발 압력이 앞으로도 많아집
니다.

서울도심 개발가용지 문제 해결 방안

[2040서울도시기본계획 / 출처: 서울시]

이번 개발계획의 핵심은 한마디로 서울 중심지 고도화입니다 .

즉, 조선시대부터 서울도심, 강남, 여의도는 계속해서 서울에서 핵심지역이였으며 더욱 개발하여 국제도시로 업그레이드 하자는 것입니다.

그럼 중심지 고도화 해결방법은?

결국 해결방법은 도쿄, 뉴욕 등처럼 위처럼 용적률 기준을 완화하고 높이규제를 완화해서 서울을 국제비즈니스 도시로 만드는 것입니다.

점점 대형화 추세로 지어지고 있는 저희 지식산업센터도 여기에 빠질수는 없겠죠?

이런 획일적 높이기준의 유연화에 따른 수혜는 압구정, 이촌, 성수, 여의도, 영등포가 되겠네요.

융복합시대, 경직적 용도지역제 변화 필요

[2040서울도시기본계획 / 출처: 서울시]

위 그림은 기능구분이 점점 사라지는 융복합 시대를 맞아서 용도지역을 다기능 복합 용도로 개발하자는 내용입니다.

위 그림의 오른쪽 NEXT를 보면 주거, 녹지(서울숲, 여의도공원), 업무, 상업, 공업 등이 섞여있는 성수/영등포의 준공업지역의 발전 가능성이 높아 보입니다.

4대 혁신축 활성화(문정,성수,영등포 포함)

[2040서울도시기본계획 / 출처: 서울시]

위 그림은 19개의 중심지를 집중육성하여 4대 혁신축을 디욱 활성화 한다는 내용인데, 2030서울도시기본계획과 큰 틀에서는 비슷합니다.

문정은 미래융합 혁신축, 성수는 청년첨단 혁신축, 영등포는 국제경쟁 혁신축으로 더욱 개발하는 계획입니다.

4대 혁신축안에도 저희 문정,성수,영등포 지식산업센터가 중추적인 역할을 할 수 있기를 기대해봅니다.

4장

2022년 기대되는
서울 핵심권 분양현장 TOP 5

잘 풀릴 때가 있으며,

또 막힐 때가 있는 법,

삶은 늘 흔들리지만,

그것은 과정일 뿐인 것,

그래서 넘어지고 다치지만,

결국은 이겨내고

일어서는 것.

<오래 혼자였던 마음이 마음에게> 중에서

투자의 세계에서 가장 중요한 건 인내입니다. 아무리 뛰어난 투자자라도 매번 성공할 수는 없으며, 실패의 교훈을 통해 새롭게 배우고 성장합니다. 저 또한 지식산업센터 투자의 세계에서 수많은 시행착오를 거쳐 현재의 역량을 갖게 되었습니다.

이장에서는 제가 수많은 시행착오를 통해 가다듬게 된 저만의 투자 노하우로 들여다본 핵심권 분양 현장을 살펴보겠습니다. 아마도 이 책의 가장 핵심적인 부분이 될 이 장만 잘 마스터하더라도 이 책에서 얻을 수 있는 가치를 모두 얻으신 것과 다름 없을 것입니다.

👉 추천 지역!

클라스가 다른 '성수역 A부지'

2022년 성수동에 신규 분양하는 물건지는 총 2개(성수역 A부지 & 펠로우타워)로 예상됩니다.

특히 성수역 A부지는 대지면적 1,000평대 이상 부지로 성수역 2번출구에서 도보로 3분거리에 있는 입지로 A급 입지의 부지입니다.

예상 분양가는 역대급인 2천만원 후반대로 예상이 되고 있습니다. 그러나 최근에 들리는 소식은 안타깝게도 이 부지가 대기업 본사 사옥을 짓는 부지로 팔렸다는 것입니다. 진위여부를 확인해봐야 정확히 알 수 있겠지만, 여러가지 이유로 성수동은 신규 분양이 앞으로 쉽지 않은 입지입니다.

성수역 A부지 및 펠로우타워 둘다 좋은 입지입니다. 성수동은 정말 '클라스'가 다른 것 같습니다. 결국 분양받는 자가 승자인 것입니다.

☛ 추천 지역!

영등포 대장! '영등포 이화산업부지'

주소는 서울시 영등포구 당산동 5가 9-9번지 외 2필지이며, 연면적이 무려 약 2.5만평으로 문정,성수,영등포에서는 비교적 큰 면적입니다. 지하 4층 ~ 지상 20층으로 지식산업센터 2동, 기숙사 2동으로 지어질 예정입니다.

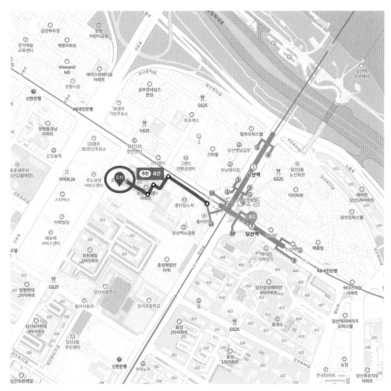

[당산역 인근 지도/출처: 네이버지도]

이쯤에서 제가 퀴즈 하나를 내보도록 하겠습니다.

서울 지하철역 중 2호선과 9호선 급행이 만나는 곳은 딱 2곳이 있습니다.

어디인지 아시겠습니까. 바로 종합운동장역과 당산역입니다.

이 두 곳은 무조건 투자해도 실패하지 않는 입지입니다. 이 두 입지는 무조건 투자하셔야 합니다! 위 그림의 동그라미 친 곳이 이화산업부지입니다. 이화산업부지는 서울에서 가장 황금노선인 지하철 2호선과 9호선 급행이 만나는 당산역에서 도보로 3분거리에 위치한 초역세권 입지입니다.

이화사업부지는 여러 가지 우여곡절 끝에 22년 6월경 분양 예정입니다. 분양가는 영등포에서 가장 높은 2천 만원 중후반대로 나올 예정입니다.
제가 볼 때, 이화산업부지는 예상 분양가가 높으나, 분양 초기에 완판 될 가능성이 높습니다.
현재 영등포 대장인 당산SKV1센터가 이화산업부지 인근에 있는데, 당산SKV1센터 평당가는 현재 2천만원 초중반대까지 거래가 이뤄지고 있고 임대료는 평당 5.5만원 내외로 형성되어 있습니다.
신규 지식산업센터, 2호선 + 9호선 급행 초역세권, 일부 호실 한강 뷰, 역대급 연면적 사이즈 등 이화산업부지가 완공되면 영등포 최초로 평당 3천만원대도 충분히 가능한 입지로 필자는 확신합니다. 완공 후 임대료도 6만원대는 충분히 받을 수 있습니다.

추천 지역!

서남권의 떠오르는 태양! '구로생각공장'

[구로 생각공장 조감도/ 출처: 구로생각공장 분양사]

일단 '생각공장'이라는 브랜드는 지식산업센터 중 최고의 브랜드입니다. 이미 성수생각공장, 당산생각공장에서 성공적인 분양을 완료했고 특히 성수생각공장은 역세권이 아닌 입지임에도 성수동에서 가장 인기가 많은 지식산업센터로 발전했습니다.

구로 생각공장은 연면적 약 4만평(지하4층~지상19층)으로 트윈빌딩으로 올라가며, 서울에서도 역대급 사이즈를 자랑합니다.

입지는 구일역 1호선에서 230미터 역세권에 위치해 있고 목동, 영등포, 여의도, 구로가산디지털단지 등 주요 오피스 업무시설 접근성도 뛰어납니다.
특이하게 대형마트인 롯데마트 부지라서 남서측 호실은 안양천 영구조망이 가능하고 인근에 서부간선도로 공원화, 안양천공원 등 주변 자연환경도 더 좋아집니다.

저는 구로생각공장이 서남권 지역을 빨대효과로 빨아들이는 서남권 최고의 지식산업센터로 발전하리라 봅니다.
구로생각공장은 차량 접근성, 역대급 연면적, 생각공장 브랜드 파워, 개발호재, 인근 자연환경 등 특장점이 많아서 인근에 위치한 회사들을 상당히 빨아들일 것입니다.
건물 내부는 입주자를 위한 여러 가지 편의시설과 특화설계로 다른 곳에서는 누리지 못한 편의시설들이 있습니다. 이러한 입주민 편의시설은 이미 성수생각공장에서 검증되었습니다.(대형로비, 넓은 공개공지, 다양한 상가 편의시설, 회의실, 휴식공간, 듀플렉스호실 등)

주변에 구로동 CJ공장부지는 지구단위계획으로 개발 될 예정인데, 이곳 부지는 약 1만평이 넘는 대형부지로 공동주택, 판매시설, 아파트, 산업, 쇼핑 시설을 갖춘 복합단지로 개발되어 구로생각공장과 시너지 효과를 내고 서남권의 랜드마크 입지로 발전할 것입니다.

지식산업센터도 가격 대비 만족 극대화를 추구하는 합리적인 수요자들이 지속적으로 늘어나면서 차별성과 희소성을 누릴 수 있는 구로생각공장의 가치는 높아질 것으로 예상됩니다.

꼭 기억하세요. 사람이 모이면 부동산 가치는 반드시 올라갑니다.

분양일정은 2022년 2월 현재 분양의향서를 접수 받고 있으며, 상반기 내에 분양 예정입니다. 예상 분양가는 분양평당 2천만원 초반대를 예상하고 있습니다.

강서의 강남! 'CJ제일제당부지'

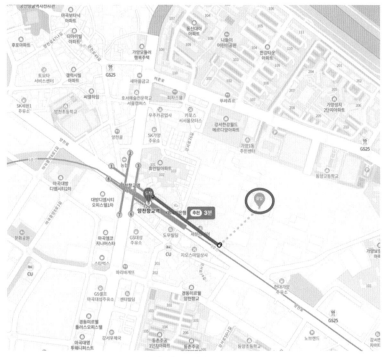

[양천향교역 인근 /출처: 네이버지도]

입지는 위 그림에서 보는 것처럼 9호선 양천향교에서 도보로 3분 거리입니다. 가양동 CJ부지 개발은 코엑스의 1.7배로 2024년 준공예정으로 2022년 연말에 착공예정입니다.

[CJ바이오 부지 개발 계획 조감도/출처 : 서울시]

부지 주소지는 강서구 가양동 92-1 일대로 부지면적은 3.4만평, 연면적은 약 25만평으로 17층 규모의 복합 상업시설과 지하 7층 ~ 14층 규모의 업무시설, 지식산업센터가 들어설 예정입니다. 이곳은 2km 옆에 마곡지구가 연결되어 있습니다. 아파트, 오피스텔 등 주거시설은 들어가지 않는 100% 업무시설로 건축됩니다.

총 3개블록 중 2개블록은 지식산업센터로 분양합니다.

신세계프라퍼티가 복합쇼핑몰을 위탁 운영하는 방식으로 사업에 참여하고 인창개발이 시행, 현대건설이 시공을 합니다.

신규 지식산업센터, 9호선 급행 초역세권, 일부호실 한강뷰, 역대급 연면적 사이즈 등 CJ제일제당 부지가 개발되면 강서 쪽에 대장이 될 것입니다.

경기도 탑클래스! '군포생각공장'

구 분	사업개요
위 치	경기 군포시 당동 151-1번지 일대
대지면적	28,757.0㎡ (8,698.99평)
연 면 적	약 74,000평
규 모	B4F~29F

군포 생각공장 조감도 [출처: 군포생각공장 분양사]

2022년도 경기도권역에서 가장 분양이 기대대는 곳이 바로 군포생각공장(군포시 당동 151-1번지 일대)입니다. 군포는 서울과의 접근성이 좋아서 예전부터 서울권을 보조하는 역할을 해온 도시였습니다.

2022년 상반기에 분양되는 군포생각공장은 첨단 지식산업센터로 대지면적 약 8,600평, 연면적 약 74,000평, 건축규모는 지하4층~지상29층까지 건설되는 역대급 대형 지식산업센터 복합시설로 서남부의 랜드마크로 될 것입니다. 분양가는 천만원 초반대를 예상합니다.

입지

2부. 현장에서 배우는 지식산업센터 투자 노하우

1. 군포역 초역세권의 교통여건

도심 재생사업 및 GTX-C노선 등 지역 개선의 호재

2. 수도권 광역도시 연결의 중심

동서남북 편리하게 이동이 가능한
경기 수도권 광역도시의 중심

3. 군포/안양/의왕지역 비즈니스 랜드마크

매머드급 규모로 군포 뿐만 아니라
서남부지역 첨단산업의 중심축

4. 첨단 지식산업센터 건립 활성화 지역

도시재정비촉진산업, 유한양행
LS전선 부지 개발 계획 등

군포 생각공장 조감도 [출처: 군포생각공장 분양사]

군포/안양/의왕지역 중 최초 초역세권 입지로 1호선 군포역 2번 출구와 직통으로 연결될 예정입니다. 문정동처럼 지하철과 직통으로 연결되어 있는 지식산업센터는 향후 가치상승 측면에도 매우 유리한 편의시설입니다.

구성 형태

군포 생각공장 조감도 [출처: 군포생각공장 분양사]

저층부는 스트리트형 복합몰이며, 군포역 2번출구와 직통으로 연결됩니다. 고층부는 트윈타워 형태로 A동은 지식산업센터, B동은 주거용 오피스텔, 별동은 라이브&드라이브인 오피스(복층구조)로 구성될 예정입니다.

필자는 특히 직선주행으로 3개층에 진입가능한 드라이브인 시스템에 높은 점수를 주고 싶습니다. 3층부터 들어서는 드라이브인 제조 공간은 차량으로 바로 진입하여 편리한 물류작업이 가능하니, 주변 노후한 제조공장 기업들에게 높은 선호도가 있을 제조시설입니다.

군포생각공장도 역대급 특화된 첨단 시설로 구로생각공장처럼 빨대효과가 크게 일어날 입지로 예상되며, 경기도에서 가장 기대가 큰 분양현장으로 필자 역시 기대가 큽니다.

2부. 현장에서 배우는 지식산업센터 투자 노하우

잘 풀릴 때가 있으면, 또 막힐 때가 있는 법,
삶은 늘 흔들리지만, 그것은 과정일 뿐인 것,
그래서 넘어지고 다치지만, 결국은 이겨내고 일어서는 것.

책, [오래 혼자였던 마음이 마음에게] 중에서

문정, 성수, 영등포로 쏠림현상

2022년 이후에도 특히 문정, 성수, 영등포지식산업센터는 인허가 물량이 많이 줄어든다. 앞으로 문정, 성수동 지식산업센터 공급은 거의 없다고 봐도 무방하다. 그러나 반대로 2022년에도 지식산업센터계의 강남3구인 문정, 성수, 영등포 지식산업센터는 투자수요 + 실수요가 증가하며, 올해도 매매가 및 임대료는 꾸준히 우상향이 확실하다.

기존의 오피스빌딩, 상가, 오피스텔 수요까지 지식산업센터로 이동하고 있고 이 추세는 당분간 꾸준히 이어질 것으로 보인다.
코로나19 이후 부동산의 공실 위험도가 많이 높아졌다. 그러나 문정, 성수, 영등포에 지식산업센터는 예외다.
신규 창업, 스타트업 수요들이 꾸준히 증가하고 있고 특히 서울 핵심권으로 몰리는 쏠림현상이 있다.

지식산업센터도 이제 대기업 1군 업체들이 많이 진입하는 시장이다. 그 만큼 지식산업센터의 미래가치를 좋게 보고 있다는 반증이다.

통계청 자료를 보니, 2020년도에 수도권 인구가 비수도권 인구를 추월했다. 출산율 감소와 스타트업과 청년층의 수도권 쏠림현상으로 서울 핵심권 지식산업센터는 공실이 없고 사무실 구하기가 쉽지 않다. 교통이 불편한 수도권 및 지방 중소 도시에는 인재 채용도 어려운 현실이다.

지식산업센터는 4차산업의 핵심

지식산업센터는 다른 부동산과 달리 정책적 지원이 존재하고 있는 부동산이다.

지식산업센터는 도시의 미관을 해치지 않고, 도시형 산업을 육성시킬 수 있는 새로운 산업 아이템 역할을 할 수 있다.

지식산업센터는 기존 도심에 있는 산업들과 융합하여 충분히 시너지를 올릴 수 있다.

이처럼 지식산업센터는 앞으로 미래에도 도시에 꼭 필요한 핵심 자원이다.

대한민국 미래 먹거리 산업인 IT, BT, 스타트업, K 게임, K 엔터테인먼트 등의 회사들이 선호하는 지식산업센터는 이제 4차산업에서 중요한 위치를 차지한다고 자부한다.

유동성의 거대한 흐름속에 거인의 어깨에 올라타자!

유동성의 흐름에 주목하자! 주식, 비트코인 등에서 수익이 나면 이 유동성은 다시 안전자산인 부동산으로 모였다. 이렇게 모인 유동성이 부동산 중에서 지식산업센터로 모일것이다. 우리는 지금 자본주의 시스템 속에서 살아가고 있다. 자본주의 시스템을 누가 먼저 빨리 깨닫고 실행에 옮기느냐가 중요하다.

최근 발표한 대한민국 부자 보고서에서는 부동산 자산 비중은 총자산이 많을수록 높은 경향을 보였다.
부자가 꼽은 가장 기여도가 큰 부의 원천은 사업소득이며, 2번째로 기여도가 큰 부의 원천은 부동산 투자다.
이 2가지를 같이 제대로 키울 수 있는 곳이 지식산업센터다.

2022년에도 임차인 이전이 활발하게 진행되면서 지역간 입지간 선호도 차이가 나타날 가능성이 높다.
이 책을 통해 시장의 분위기에 휩쓸리지 않고 자신만의 투자원칙으로 문정, 성수, 영등포 지식산업센터라는 거인의 어깨에 잘 올라타길 바란다.

지식산업센터의 양극화, 자산의 양극화, 인구쏠림의 양극화의 분기점에서 성공적인 실입주 및 투자 이어가기를 응원한다.